オトコの気持ち
オンナの事情

「らしさ」の向こうに見えるもの

【公開ミーティング シリーズ】

Be！＜季刊ビィ＞増刊号No.14

はじめに

誰でも「自分」である前に、「男」「女」であることを意識させられることがあると思います。社会の中で、異性との関係で、家族の役割で、自分自身との葛藤の中で……。


この引っかかりは、どこから来るのだろう。

女としての母の生き方から私たちが受けとったものは？

男としての父の姿を見ながら心に刻まれた思いは？


認めてもらえず傷ついたこと、息苦しさの中でもがいたこと、負けまいと戦ったこと、突っ張って大丈夫なふりをしたこと……。

そんな女ゆえ、男ゆえの生きにくさは、依存症をはじめとするさまざまな問題に、どのように関わっているのだろう。

回復の中で、いったいどんな自分が見えてきたのだろう。

治療機関や自助グループなどを通じてお願いしたアンケートは、非常に難しいテーマにもかかわらず、二十代から七十代までのさまざまな立場の方々からご回答をいただきました。

裏面までびっしりと思いを綴ってくださったもの、ご自分の体験が便箋で添えられたものもありました。読み進むうち、いわゆる「男らしさ」の向こうに、うまく言葉にできなかった気持ちがこぼれてきました。「女らしさ」の枠にはまりきれない苦しさの裏側には、新たな望みや力も垣間見えました。

男／女としての「自分」をもっと知るために、別の性である「あなた」を知るために、そしてお互いが生きやすく、豊かな関係を築けることを願って……公開ミーティングシリーズ第14弾「オトコの気持ち　オンナの事情」を始めたいと思います。

ご協力いただいた方々に心より感謝します。

（季刊『ビィ！』編集部）

もくじ

はじめに …… 4

1章 〈四人の手記〉強さと、もろさと …… 9
いつか見返してやると思っていた まいこ …… 10
家族に甘えて逃げていた 金森忠一 …… 14
女として、母よりうまくやるはずだったのに K …… 17
相手より上に立つという発想の中で ベンツ …… 20

2章 〈インタビュー〉男にも女にも、必要なのはたくましさかな …… 23
——性相談の二十九年で見えてきたこと 臨床心理士・金子和子 …… 24

3章 〈三人の手記〉とかくこの世は… …… 31
スーパー良妻賢母をめざしていたが H・K …… 32
女は新聞を読むな、と言われて Y・M …… 36
結婚しない私はダメなの？ 莉子 …… 39

アンケート　次に生まれ変わるとしたら？……42

4章　〈三人の手記〉父の教え、母のつぶやき……49
母の顔は笑っているのに淋しそうだった　H・T……50
「強く清く生きよ」という父の教え　藏坐玄心……55
父の描いた「男女対等」という理想をめぐって　おしゃべりワンワン……63

5章　〈エッセイ〉男性が「父親を乗り越える」ことの意味……67
――新しい男性像を探る作業　ソーシャルワーカー・水澤都加佐……68

6章　〈私たちの意見〉ちょっと言わせて！……73
オトコの子の育て方！（びびんばぶう）／長男の嫁って、大変！（ヒメイワカガミ）／男でよかったこと、残念なこと（ダンディ・なお）／娘の立場で見た、父の姿、母の姿（ａｋｉｋｏ）／心の穴じゃなく、形が問題だった（宇良敏枝）／「僕好みの女性」は、おもしろくなかった！（和也）

7章 〈三人の手記〉自分でいられる時間 81

小夏日和——「男は嫌い」をやめたとき　アメシストA …… 82
「結婚は」「恋人は」と聞かれて……　孝 …… 87
もう十分やった、と思えたから　T・H …… 90

8章 〈インタビュー〉「完全な男」「完全な女」は少数派！ 95

——科学者が語る男女のグラデーション　薬学博士・生田哲 …… 96

9章 〈三人の手記〉私が望んだ「私」 101

「もてない男」でよかった　安免道 …… 102
亡き夫のことを語る場所　佐藤正子 …… 104
「トランス書簡」　めば …… 108

コラム

女は損だなあ …… 48
男というものは …… 72
押しつけられた女像が …… 94

表紙デザイン　河西亮／イラスト　寒河江清子
編集　今成知美／武田裕子／近藤京子／土居ノブオ

1章

強さと、もろさと

四人の手記

〈女らしさ〉の枠に押しこめていた本来の力や望み。
〈男らしさ〉ゆえに出せなかった弱さ。
傷つきやとらわれの向こうにあるものを探る四人の物語。

いつか見返してやると思っていた

まいこ

■女は男に従え……という父。私は自分の中にある強さを押しこめて、父に強要された「女らしさ」を演じようとした。けれど母からは、逆のメッセージを受け取った。男に従って生きるのではなく手に職をつけて自立しろと。二つの声が私の中で戦っているかのようだった。
■大人になった私は、社会で成功して父を見返し、不幸な母を家から連れ出すことを夢見た。そして……。

「男は、強くて、ずるい」

……そう思っていた。

私が育った家は、典型的な男尊女卑だった。そして典型的なDV（※）があった。父は何かちょっと気の触わることがあると怒鳴り、母を殴る。

食事のとき、女の私はあれこれ手伝わなければいけないが、弟はただ座っていればいい。

女が男に意見してはいけないと、父に何度も言われた。私は、楽しくもないのに笑顔を浮かべていた。

母を人質にとられているのも同然だったから、父の機嫌をよくしていなければいけなかったし、母を支えなければいけなかったし、弟の補佐をしなければいけなかった。

弟は、成績優秀、スポーツ万能、世間から注目される大舞台にも出た。弟の活躍は両親の注目を集めた。私は何かというと「おまえはいいから、うちにいろ」と言われ、部活が大変だともらせば「いやならやめればいい」と言われた。そして弟の試合で8ミリビデオをかつぐ役目だった。

かわいい声を出して辛抱強くしていれば、ほしいものは買ってもらえた。ある意味、過保護なところもあった。結果として、自己主張をせず根性なしの私が一丁あがりだった。

そのまま女らしさ路線をひた走っていれば何事もなかったのかもしれない。でも母からは「男に従って生きるなんてよくない」「女も手に職を持って、自立すべきだ」と説いて聞かされた。母が実現できなかったことのくやしさを、私にぶつけているかのようだった。

私は摂食障害になった。拒食と過食を繰り返し、万引したりしながら、自分の中でどうにもならないものをごまかしごまかし、ちゃんと状況をコントロールしていた。親に対しても世間に対しても、ぎりぎりのところで「いい子」を保っていた。それが崩れたのは、二十歳のときだった。

人生見返せるはずが

当時、私はある有名な先生のもとで修業中だった。その先生に認められて世に出ることができたら、今まで何をやっても続かなかった中で、今度こそ花開くことができるはずだった。人生見返せるはずだった。

成功して、母を実家から連れ出して、そして二人で暮らすんだと夢見ていた。

ところが何を思ったか、精神的に不安定だった私は、ちょっとしたきっかけで先生に暴言を吐き、「もうやってられない！」みたいな捨て台詞とともに先生のもとを去ってしまった。

挫折だった。手に職をつけて自立、どころか、食べることとお酒のためにお金が足りず、私はテレクラに行った。

二度目にあたった相手が、悪かった。ヤクザだったのだ。それから半年ぐらい、脅迫と、レイプの日々が続いた。

それまで私は、最後には自分一人の力で何とかなる、と信じて生きてきた。けれど、どうにもならなかった。警察も当てにならなかったし、他に誰も相談する人はいなかった。それにもともと、自分のせいなのだと思った。今までつくろっていたものが、一気に崩壊したかのようだった。

世の中が怖い。男が怖い。

無力感と絶望感だった。

過食と酒はひどくなり、食べ吐きを覚えた。死のうとしても死ねなかった。

そこから症状が落ち着くまでの数年間は、あまりにいろいろなことがあり、よくぞ生きのびた、としか言いようがない。

治療の中で、主治医が父親と対決してくれたこともあった。NABA（※）と出会い、ぎりぎりのところで仲間に支えられた日もいっぱいあった。ブラックアウトして、めちゃくちゃな行動をしたこともあった。

そして、やっぱり、食べ吐きとお酒があったから、あの時期をやりすごし、生きてこられたのだと思う。

しかしその症状が落ち着いて、次にどうするかというと、ここ一年は「そろそろ仕事を」と段取りを始めたとたん、どこか具合が悪くなる繰り返し。

焦りの中で三十歳になった。

そして、さまざまなことが見えた。

弟に嫉妬していた

社会で一発成功して認められたい、という私の願いは、要するに、父に認めてもらいたい、ということだった。女でもやるときはやれるんだと。

けれど私にとって、外の社会すなわち父だった。摂食障害の仲間と一緒にいる

※ＤＶ（ドメスティック・バイオレンス）＝夫や恋人からの暴力。
※ＮＡＢＡ（日本アノレキシア・ブリミア協会）＝摂食障害を抱える人のための会員制の自助グループ。☎０３（３３０２）０７１０

ときはまだいい。仲間のいない社会に出ていくということは、父に象徴されるものと戦うのと同じだった。

怖くて足がすくんでいた。ものすごく成功しなければゼロと同じなのだから、踏み出せなかった。

私は父を憎みながら、父に認めてもらうことを求め、父のような支配力を手に入れたいと願っていた。

一方で、同年代の同性や異性を、どこか弟と重ねていた。父の愛と注目を奪ってしまうかもしれないライバルだ。仲よくしていても、本当は心を許せなかった。

私は弟に嫉妬していた。認めたくなかったけれど、そうだった。

でも、認めたら楽になった。

気づいてみると、仲間の中にはプライドの争いから降りている誠実な人がたくさんいた。特に女性たちは、率直で、魅力的だった。

ふと思った。弟は父に期待され、父の会社を継ぐため一生けんめい勉強し、今も一生けんめいがんばっているけれど、本当にそれが弟の望んだ生き方なのかどうか、わからないなと。

「男は、弱い」

……そう思うようになった。

父はどうして母を殴っていたんだろうかと考えたら、結局は、仕事のストレスや、自分がおびやかされる不安からだったのではないかという気がした。

父はいつも、自分がどれだけえらいかを、母はもちろん子どもにも認めてもらおうと必死だったように思う。だから延々と自慢話をし、長い説教をしたのではないか。

それって結局は、弱いっていうこと？

仲間たちを見ていると、女の底力を感じた。私だって本当は強いのに、それを無理に抑えて、隠して、生きてきたのかもしれない。

父からは女らしさを強要されたし、母からは男に頼らないですむ生き方をしろと言われた。分裂した「女」のイメージは、私の中で「女は不幸である」という結論になった。

それは私が摂食障害になった原因のひとつかもしれない。

でも、この病気になって、女性の仲間たちと出会うことで、私は今までとは違う価値観、世界観を手に入れることができた。皮肉なことにこの病気が、人とのつながり（特に同性との）をくれた。

もうひとつ、仲間の中で気づいたのは「男が怖い」と思ったっていい、ということ。

怖いと感じたら自分の世界が保てないような気がして、必死で突っ張っていた。そのためにお酒や食べ物が必要だった。でも、もういいんだ。私は仲間にレイプのことを話せたし、わかってもらうことができた。

「それにしたって男はずるい」

……だって、優遇されて、甘えていられるから。

結婚したら、女性はたとえ仕事をしていても家事をやらないといけない。男がちょっと家事を手伝ってくれたら「ありがとう」と言わないといけない。自分の面倒ぐらい自分でみるのが当たり前なのに。

　別のずるさもある。

　察してくれ、という期待や、回りくどい話し方だ。

「ご飯食べにいく？」

「ラーメンにしようか？」

　……私が今つきあっている彼は、しょっちゅうこういうせりふを使う。

　自分がラーメン食べたいの？　私に気を遣って外食にしようと言ってるの？　あなたは本当はどうしたいの？　主語がないから、わからない。そのくせ、理屈や理論を並べ立てるときに限って「オレは、オレは」を連発する。

　それらを何度も指摘していたら、彼は以前より気持ちを口に出すようになり、ちょっと変わってきた。

　すると今度は、私が不安になる。

　彼が完全に自由に率直になって、「オレはもっと幸せになりたいから」と去っていったらどうしよう。こいつはオレがいなきゃダメなんだ、と思われているほうがいい？

　私はそれほどまでに、自分に自信がなかった。一体、私は何を望んでいるんだろう。……わからなくなってしまう。

私は私でいい

　そしてこの夏、母が倒れた。

　私はパニックを起こし、郷里に飛んで帰った。もっときちんとした検査を、ちゃんとした治療を、と思うのに、母はなかなか動かない。

「お母さんを早く病院に」と父に訴えたが、父自身、母が病気だということを受け入れられないのか、冷たい反応しか返ってこない。

　私は初めて、「この人はダメだ」と冷静に思った。この人に認められようなんて思わなくていいや。

　母は難病とわかった。ゆっくり休む必要があり、十分寝ないといけないのに、父の世話をせっせと続けて、父より先に床につこうとはしない。暴力こそなくなっていたが、二人の関係は変わらない。

私は父に「お母さんの体を大事にしてあげてほしい」と頼もうと思った。

「それだけはやめて」と、母はぴしゃりと私をさえぎった。殴られなくなっただけでまし。今さらこの家を出る気もないし、よけいな波風を立てたくもない、自分はこのままでいいのだ、と。

　そんな母の生き方を受け入れるしかなかった。母と私は、別なんだ。それを認めるのはつらかったが、仲間に支えられてやっと認めることができた。

　でも私は、母のようには生きたくない――そう思ったとき初めて、「それなら私はどう生きたいのか」と考えられた。

　私は今までずっと、心の中で母と離れられずにいたし、父に向かって叫んでいた。いつか見返してやると。それでいて父に強要された「女らしさ」に、どこかとらわれていた。

　そのぐるぐる回りに、母が幕を下ろしてくれた。

　私は、ただの私でいい。強くても、弱くてもいい。私らしく成長し続けたい。

家族に甘えて逃げていた

金森忠一

■妻に弱みをつかまれたくない。だからやられる前に先手を取る。酒にのまれ、家庭から逃げ続けてきた。
■家族に対する甘えだったと気づかされた時、家庭の中で居場所を作れなかった自分の姿が見えてきた。

酒をやめても変わらない

私は十代から酒が好きだった。三十歳で結婚を決めた時も、妻が妊娠した時も、酒を控えようと決心した。結局、やめたのは四十八歳の時である。

新婚当初は、妻が酒飲みの家庭を知らないことをいいことに、何でも「職人の世界はこういうもの」の一言で押し通して飲み歩いた。

仕事ではなく友人と飲んでいることが妻にバレてからは、「男はこういうものだ」と「男」を言い訳にした。

家にいるのは体調の悪い時くらい。家族が楽しみにしていた約束も平気で破る。それを謝るどころか何か言われる前に先手を取り、私のほうから難くせをつけて押さえ込むのが私のやり方だった。

断酒後も、つまらないことでイライラし、家族に突っかかっていた。家族にすれば、私が家にいる時間が増えた分だけ、飲んでいた頃よりもつらかったと思う。いつも私の顔色をうかがっているのがわかり、それがまた私の気に触わった。家にいるのがつらく、連日、断酒会（※）の仲間と外で深夜まで過ごした。

こうしたことが家族に対する甘えだと気づかされたのは断酒二年半の時だ。

妻に「子どもたちがあなたのこと、何て言ってるか知ってる？」と聞かれ、私は「あれだけ好きな酒をやめてるんだからエライ」と言ってくれているかな？と期待した。ところが「飲んでいる時と変わらないと言っている」と聞かされ、大変なショックを受けた。

私は飲んでいる間、ほとんど家に寄りつかなかった。妻は子どもたちに対し、私の酒や借金のことを伏せてきてくれていた。酒は私の問題であり、子どもたちから見れば、父親としての私の不在や、家族を威圧して感情的に押さえ込んできたことが問題だったのである。

　私はそれから例会に加え、家族会の勉強会に参加するようになった。妻や子どもたちの気持ちを知りたかったのである。私の中では、父として夫としての部分がぽっかり抜けていた。家族と向き合えるようになりたかった。自分の家では素直に耳を傾けられなくても、他人の言葉ならすーっと胸に入った。

父親をやり直す

　私が断酒した時、上の子は中二、下の子は小六になっていた。私は子どもたちが育つ姿をほとんど見てこなかった。

　愛情を示すとしたら、子どもが欲しそうな玩具を買って与えたり、たまに遊園地へ行ったりパチンコ屋に連れて行くだけ。当時はそれで父親の役割を果たしていると思っていた。

　けれどいっぽうでは、父として夫としてどう振舞ったらよいかわからず、家族に参加できない居心地の悪さをいつも抱えていた。恐かったのである。

　飲んでいる頃、深夜に帰宅すると、家全体に何とも言えない淋しい空気が漂っているのがわかった。淋しくて、なぜこうなってしまったんだろうと思い、よくベランダへ出てぽろぽろ泣いた。

　私はもともと子ども好きなのに、自分の子どもとはほとんど遊んだことがない。病気になった時も、ぜんぜん面倒を見なかったし、学校のことで悩んでいたのも知らなかった。妻が相談できるような夫ではなかったのである。

　しらふになり、そのことに気づいたからといって、すぐに態度を変えられるわけでもなく、家族とどう関わったらいいのかも見当がつかなかった。

　最初の頃は勘違いして、子どもたちに対し友人のように接しようとした。考えてみれば三十も年が違うのに、友人になれるわけがなかった。

　思春期を迎え、だんだんと言葉遣いが荒くなる子どもたちを前に、「怒る」ことができず悩んだりもした。特に妻に対する言葉づかいについてである。

　私は子どもに対し、「親に向かって何だ、その言い種は！」と威圧して、伝えたいことが伝わらない。本当に叱らねばならないところで、うまく叱ることができない。注意したら「お前のしたことはどうなんだ！」と返されそうで、恐かった気持ちもある。ところが実際はそう返されたことはなく、「親に言う言葉じゃないだろ！　謝って言い直せ」と言えば、子どもは言い直すのである。

　だんだんと、本当に伝えたいと思えば伝わるのではないかと思えてきた。叱るべきところで叱れるのが親だと思えてからは、怖がらず、私なりに子どもたちの日常と向き合えるようになった。

自分の場所に座って

　家族との関係でいちばん大きく変化し

※断酒会＝アルコール依存症の自助グループ。全国各地で例会が行なわれている。全日本断酒連盟には六〇〇以上の断酒会が加盟。
事務局☎０３（３９５３）０９２１

たのは、些細なことでも感情を出してぶつかりあえるようになったことだと感じる。いい意味で遠慮がなくなった。

息子たちも、私の前で酒を飲まないということを抜いては、遠慮せず言いたいことを言ってくれているように思う。

私は時々、息子が楽しみにしている野球やサッカーの結果を言ってしまい、息子を嫌がらせてしまうことがある。

「あれだけやめろって言ってるのに、言うなよ!」と怒られて、楽しんでいるのは私だけかもしれないが。

以前は家族に謝ることなど考えられなかったが、気づけば自然に謝るようになっていた。

謝る＝酒をやめること。そうなるとやめる努力をしなければならなくなる。「謝るぐらいなら行動で示せ」と言われてしまうのが恐かった。

弱みを持つと、怒られる前に怒ってしまう。弱みを見せる前に、つまらない動作や言動を見つけては、責められる前に責める。それで自分の位置を上げ、対等になれたかのように感じる。

以前の私にとって「強さ」とは、まさにそういうものだった。理不尽な怒り方をしていたと思う。これは家族に対する甘えだった。

私は家の外では、むしろ人の嫌がることを率先してやる。人に頭を下げることも厭わない。妻には「あなたは他人だったら、本当にいい人だけど、家ではねぇ」と、いまだに言われる。

それでも、以前との違いは、私が一方的に妻に甘えていた関係から、双方向の関係になったことだと思う。

妻は「ちょっとアレ取って」「コレやって」と平気で言うようになった。

「甘ったれてんじゃねーよ!」

と言いつつ、やっている私がいる。

「洗濯物取り込んで!」と頼まれると、

「ふざけんなよ! 自分でやれよ!」

と言いつつ、私の足は洗濯物へ向かっていく。

実はやってみてわかったのだが、口ではああ言っても、私は家のことをするのがあまり苦にならない。「男だから」「女だから」という発想もないようだ。

私はもともと下町の生まれで、祖母祖父、叔父叔母の家族と一緒という職人の家の大家族の中で育った。当時、七人いた子どもの中で、私は唯一の男の子で、言ってみれば女性に囲まれて大きくなった。そんなことも関係しているかもしれない。自分には中性的な面があると、酒をやめてから思うようになった。

家庭の中で私ができることは、やったほうが、自分も楽なのだ。

今、私は自分の家の中に居場所がある。一日中、妻と同じ場所にいても、居心地の良さを感じる。つまらないチャンネル争いなどでしょっちゅう喧嘩もするが、互いに通じ合う部分がある。

今でもよく感じるのは、飲んでいた時代に私の問題を息子たちに伏せていてくれた妻の強さと心配りだ。

私は今まで、いろいろな人に気をつかってもらってここまできた。人間に必要なのは「強さ」より「やさしさ」だと感じる。私は「男として」ではなく、気持ちのうえで人を受け入れる包容力のある人間になりたい。

女として、母よりうまくやるはずだったのに

K

■父に怒られ、「はいはい」と言うことを聞くわりに、何の工夫もなく同じことを繰り返す母。私ならもっとうまく父をコントロールするのに、と思ってきた。
■そんな私が結婚した相手は……。

女は男を盛りたてる

私は子どもの頃から「いいお嫁さんになるね」と言われてきた。手先が器用で面倒見がよく、家の手伝いは何でもよくやる子。そんな私が思春期に入った時、女としての自分を意識していく中で、自然にとったポジションは「家庭的なイメージ」だった。

手作りのかわいいお弁当。手作りのかわいい巾着袋。家事裁縫は何でも得意。ボーイフレンドも家庭的な女の子が好きな人ばかりだった。私は自分の得意分野で力を存分に発揮して、「こういうことはあいつに頼めば大丈夫」と言われる存在になることが喜びでもあった。

中学・高校と、ほぼ毎日自分でお弁当を作っていた。冷凍食品とミニトマトではなく、手作りのポテトサラダを入れたりして素材にも気を使った。

昔から、母は料理のセンスがないなぁと思ってきた。仕事をしていて忙しいのは理解できるけれど、こんなふうに盛ればおいしそうに見えるのに。私だったらこう味付ける。メニューだって煮物と野菜炒めだけじゃなく、何かもう一品……。だから私が作る夕食は気がきいていて、家でも喜ばれた。

「私だったらお母さんよりうまくやる」という気持ちは、生活全般にわたってあった。私だったら父にこう言う、私だったら先にこうやっておく、そのためにはこれとこれをして、こうなったらこうしてあれとこれをこうして……。

父は、何にでもクレームをつける人だ

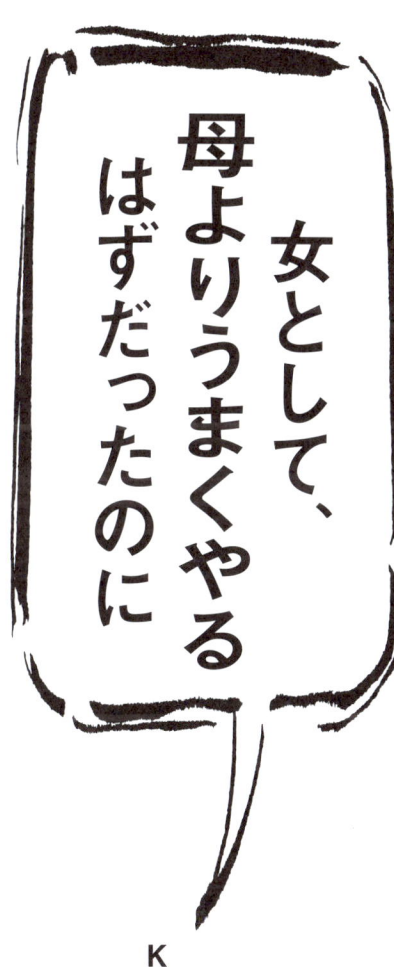

った。いつも父に怒られてぺこぺこしている母を見るのがいやだった。母は何でもハイハイ父の言う通りにする。だったら次からは言われないようにすればいいのに、また同じことをして怒られる。

母（女）が父（男）を盛りたててこそ夫婦はうまくいく。それなのに母は、わがままな父についていくのがやっとの状態で、余裕がなく、気がきかないところがあった。私は、母よりもうまく家庭を築くのが夢だった。

負けるはずがない

二十六歳の時、結婚した。

私が求めていた男性像は、穏やかで、いちいち腹を立てずいばらない人。「俺が、俺が」と前へ出て行かず、スマートで、スポーツが好きな人。

……彼は確かに、そんなイメージをかもし出す人だった。

私より年下で、エリート大を卒業したばかり。少し常識に欠けるところはあったけれど、社会人としての経験を積んで行けば変わるだろうと気にしていなかった。むしろ当時の私には、彼が原石のように見えていた。これから私が育ててあげれば彼はきっと成功する！　と。

まもなく子どもが生まれ、私は自分の仕事をフルタイムから非常勤に切り替えて、子育てをしながら彼を補佐することに務めた。

けれども彼の社会性のなさは、父という立場になっても変わらず、会社が自分に合わないといって仕事をやめて以来、転職を繰り返すようになっていった。

「大丈夫よ。一回や二回じゃあなたの価値をわかる職場には出会えない。本当のあなたを認めてくれる職場があるよ」

そんな言葉を何回伝えただろう。何とか方法があるはずで、自分さえうまく彼をフォローすれば、事態はよくなるはずだと思っていた。

けれども、どんなに頑張っても頑張っても、状況は変わらず、それどころか悪化していった。空しさが募り、私はついに精神科に通うようになった。家計に余裕がなくなり妻の私がフルタイムで働かなければ生活ができなくなった時、これではまるで母と同じになってしまうと思った。かといって離婚も考えられない。母よりうまく家庭を築くはずの自分の負けを私は認めたくなかったのだと思う。

そんな時、あるセラピストに「あなたには細かい傷がいっぱいある」と言われ、グリーフワークを勧められた。自分でも薄々感じていた。私は父の死を悲しむことができていなかった。

凍っていた心

父は、私が二十四歳の時に亡くなった。アルコールが原因だった。

私は十代の頃、外では家庭的な雰囲気をアピールしていたけれど、家での毎日の生活は、そのイメージとはまるで反対だった。家庭を守るはずの母（＝女性）は一日中仕事をして、外で働くはずの父（＝男性）は家にいたのだから。自分の家が恥ずかしかった。ずっとコンプレックスでもあった。

父は私が小六の時、単身赴任をして、

そこで飲酒がひどくなり解雇されてからは、職に就くことはなかった。公務員の母が働いて、家計と新築したばかりの家のローンを払っていた。

その家も、高校生の時に原因不明の火事で全焼した。「今から家に帰る」と電話を入れたら通じなくて、帰ったら家がなかった。

父は家族の意見も聞かず家の建て直しをどんどん進めてしまい、結局、不備だらけの家が建った。父の酒とクレームはますますひどくなっていった。私が相談機関の勧めに従って、母を残して家を出たのは二十歳の時だった。

母が私のアパートに転がり込んできたのは、それからしばらくたった頃だったと思う。私はそれからがむしゃらに働いて体を壊した。

入院中、母に手紙に書いた。どうしても聞きたかったことがあったのだ。なぜ、もっと前に父と別れなかったのか。女性として父をどう見ているのか。私にはとても母が父を好いているようには見えなかった。

母からの返事には、「今でも愛している」と書かれていた。私はそれまでの自分の生き方は何だったんだろうと思った。父を恥じ、母をフォローし、二人の関係を一生懸命考え……。父も母を愛していたのだろうか？　私は父と母を侮辱してきたのだろうか？

父が自宅で亡くなったのは、それから数日後だった。

私は正直、ホッとした。やっと闘いが終わったような気がしたからだ。そして二年後に結婚し、母よりも上手に幸せな家庭を築こうとがんばってきた。しかし実際には、何も終わっていなかったのだ。

一緒に泣いて笑う関係

離婚を考え始めた頃、セラピストの勧めで私はサンフランシスコへ行き、グリーフワークに参加した。両親の関係、母の思い、父の死……遠く離れた大自然の中で、さまざまことを反芻し、泣いた。

今まで誰にも言えずにきた。それを口にしたら、わかってくれる人がいた。一緒に泣いてくれる人がいた。そんな体験は生まれて初めてだった。

帰国後、私は離婚した。

「僕がこういうふうになるのは、君の気がきかないからなんだよね」

夫の一言で、一週間持ち歩いた離婚届にポンと判を押すことができた。

私は夫をもり立てようとがんばってきた。それができるのが私の強みだと思っていたから。

けれど、私は自分の弱みを彼にさらけ出すことができなかった。自分の傷や恥と感じる部分に蓋をしたまま、彼をなんとかすることに一生けんめいだった。たとえ私が話したとしても、彼は一緒に泣いてくれる人ではなかったと思う。私たちの関係は、そういう一方通行のものでしかなかったのだ。

私は今、娘たちと三人で暮らしている。以前の追いつめられた状態が嘘のように、楽になった。母として、女性として、素敵なことがいっぱいある。そして、近いうちに素敵な男性とも出会いたい、と楽しみにしている。

相手より上に立つという発想の中で

ベンツ

■育った家庭にやすらぎはなく、いつも漠然とした孤独感を抱えていた。居場所のない自分を守るために、強く大きく見せなければならなかった。
■男を誇示するいっぽうで薬物にのめり込み、何もかもなくした時……。

我慢して誉められる

私が漠然とした孤独を感じたのは、小学四年生の時だった。友だちと一緒に入ったサッカー部の練習で、グラウンドを走っていたら、ふと、自分がひとりぼっちのような、嫌われているような気持ちになった。何となく落ち着かず、他の部へ行ったほうがいいように思えた。「サッカーの練習に行く」と言って行かなかったことが母にバレた時、「嘘をつくな」と怒られ正座させられた。あの頃から、私は自分の居場所を探し続けてきたのかもしれない。

母は厳しくて、極端にやさしいか怒っているかのどちらかしかない人だった。「男だから泣かないの」「頑張りなさい」「辛抱しなさい」。

私はそう言われて育った。両親は共働きで、生活のペースは看護師をしている母を中心に回っていた。私は熱が出ても学校を休めず、夜のテレビも見られず、いつも何かを我慢していた。

小学校から帰ってきて母がいないと、よく張り切って家事をした。洗濯物を取り込み、たたんでしまい、掃除をして道路に水を打った。きれいに仕上がったら冷蔵庫からハムや卵を取り出して、一人で焼いて食べるのだ。兄は優等生タイプだったので、私は違う分野を開拓して、母に誉めてもらいたかったのだと思う。何よりも母の嬉しそうな顔を見て、ホッとしたかった。

しかしその笑顔も、父との喧嘩が始まるといとも簡単に消えてしまう。最後は必ず互いの親を罵り合うことになり、私はその後で母の愚痴を聞く。自分のことを話す機会はなく、中学で転校し、いじめられたことも誰にも話せなかった。

居場所を求めて

私は人といると、無意識のうちに、自分より力が強いか、立場が上か下かを判断して動いてしまう。上の人には嫌われたくない。自分より下の人が不機嫌にしていると許せない。そのくせ好きな人に対しては、少しでも不機嫌にしていると自分のせいだと感じてしまう。それを見たくないから、いろいろなことをする。誰か一人でいい。自分につなぎ止めておくために。これはほとんど一瞬の決断だ。

中学の野球部では、友人のトラブルを請け負うようになった。自分が解決しなければと思い、年上に向かって行ったこともある。自分を大きく見せなければ、友人が離れていくような焦りがあった。

高校の野球部では、部費も払わず部員におごりまくった。小遣いが足りなくなり、帰りに荷物を忘れたふりをして部室に戻り、財布を盗み、その金でおごるようになった。一回やってしまえば後は同じだった。他の部からもとるようになり、全部バレて退学になった。

母の言うまま次の男子校へ行き、そこでさんざん小突かれた挙げ句、ボコボコにどつき回された。助けてくれる人もおらず、ひとりぼっちで誰にも相談できず、淋しくて悲しくて、本当に悔しかった。

やっとできた友人がシンナーをやっていた。ピアノを習っていて、色が白くまじめそうな奴だった。「おまえもやれよ」と言われたら断わる理由はなかった。

そんな頃、私をどついた奴が転校させられた。すると今度はその仲間たちと仲良くなり、自分の立場が逆転した。授業中、自分の悪口を言った奴を殴ったら、退学になってしまった。強がりだった。

二十歳の時に結婚した。子どもも生まれたが、職を転々とし、そこで知り合ったひとりが右翼をやっていた。

右翼の事務所に行った時、自分が強くなれたように思った。特攻服を着て、黒塗りの街宣車に乗り、旗をたてて軍歌を大音量でかけて街を走ると、天下をとった気分だった。みんなが注目する。耳を塞ぐ人もいて妙に楽しくワクワクした。

妻子を実家に置き去りにして右翼の友人の部屋に入り浸った。周囲に「父親なんだから」と言われ、自分でも「責任を取れない男は女々しい」と思いながらも「やることはやっている」という根拠のない変な自信があった。

「この人は危ない」と思わせることで人の優位に立って、弱い自分とのギャップを隠そうとしていたのかもしれない。

いっぽうでは右翼とは関係のない世界を求めた。女性とつきあい、嫌なことがあると、鎮痛剤をまとめて飲んだりもしていた。そういう姿を見て心配してもらいたいと思う……そんな自分を自分でもどこかおかしいと感じていた。

最後の最後まで拒絶する

睡眠薬や鎮静剤を飲んでいると、妻子にしていることのつらさや借金のことが

※クリーン＝薬を使わずに生きること。

魔法のように消え去る。

私はそうして心に未解決の不安をため込んでいき、借金が増え、友人がいなくなり、右翼もできなくなって薬だけを求めるようになっていった。

車で薬局に走り、一箱飲み、一箱飲み、三箱飲んで酩酊状態になり、事故を繰り返した。薬が切れると見境なく暴力を振るった。ついに家で寝ている間に車で精神病院に連れて行かれた。

リハビリ施設に通っても「クリーン(※)です」と言ってはトイレで鎮痛剤を飲んだ。表向きはクリーンを保ち、スタッフまで始め、完全にスリップし、追い出された。覚せい剤を始め、仲間の忠告も聞かず、めちゃくちゃな生活のまま再婚。

その翌日、阪神大震災があった。途方にくれて、ようやく施設に助けを求めた。私を迎えにきてくれたのは、かつて一緒に施設に通い、薬をやめ続けていた仲間だった。新幹線の中で、「弁当はいるか？　腹は減っているか？」と言われた時は、嬉しさより悔しさが先に立った。

しらふになった途端、妻子にしたことや男としての責任を果たせなかった苦しさが押し寄せてきた。

苦しくてつらくて、家に帰りたかった。仲間の前では「俺はスタッフをやっていた」「俺は昔、右翼だった」と強がることしかできなかった。ここは俺の居る場所じゃない。お前らとは違うとすべてを拒絶しようとした。ストレスで頭がおかしくなり、包丁を振り回しても覚えていなかった。そんなことをしてしまう自分が苦しくて、布団を被って泣いた。「ここから出してくれ！」と叫んでいた。

病院に入院し、少し頭がすっきりした頃、十七歳のシンナー少年が、私の施設での一週間のプログラムを書いた紙を病室に持ってきてくれた。そのノートの切れっ端がたまらなく嬉しかった。

自分のことを気づかってくれる場所がある……。狂うところまでいって、初めてそれを受け入れられた。

泣けなかった自分

私はそれから、泣けるようになった。こんなにも泣くことがあるのかと思うほど、たくさんのことで、子どものように泣いた。泣くことは恥ずかしい、格好悪いと思ってきたが、泣いてみたら気持ちのいいものだった。

それ以来、私は隠したい自分の弱みを話せるようになり、人に相談ができるようになった。薬が止まり、仕事が続き、薬を使わずにいろいろなことを乗り越えられることが自分の自信になり、パワーになっている。

今、過去を振り返り、プライドで壁を作り続け、泣けなかった自分に「つらかったね」と言ってあげたい。子どもの頃のこと、転校のこと、ボコボコに殴られたこと……いろいろつらいことがあったのに、誰にも助けを求めることができずにいた。もがけばもがくほど壁ができたのは、自分で壁を作り出していたからだ。

私は自分の出し方がわからなかったのだと思う。強くなければ、自分のいる場所はないように感じていた。けれども弱さを出せるからこそ、強さが出る。強がることが強さではなかった。

2章

男にも女にも、必要なのはたくましさかな

——性相談の二十九年で見えてきたこと

臨床心理士　金子和子

金子和子 PROFILE

臨床心理士。精神科領域と思春期相談を中心に心理療法を行なっていたが、1976年に日本赤十字社医療センターにカウンセリングサービス部門が設けられて以来、主として性相談を担当してきた。セックス・カウンセラーとして29年のキャリアを持つ、この分野の草分け的存在。

※テーマの関係上、性にまつわる用語がところどころに出てきます。ご自分の状況で、今は目にしたくないという方は飛ばしてください。

かつて「性のことは男の担当」今はそれが変わってきた

――二十九年前というと、まだ性の問題をオープンに相談するのはちょっとためらわれるような……。

そうですね。いま日本性科学会の理事長をなさっている野末源一先生が、通常の医療の枠組みの中では対応しきれない性の問題について、相談の窓口が必要だと主張されて、できたものなんです。

私は最初、性の相談を担当するとは知らずに着任したものですから、早く足を洗いたくって……（笑）。

でもこの仕事を続けていると、性の問題を通して時代や社会の変化なども見えてくるんです。体と心に関わって、人間の根本に触れる領域でもあります。心理職としてこの分野に取り組んでこられたのは、幸運だったなあと思っています。

――当初から現在までに、どんな変化が？

開設当初は女性からの相談は少なくて、男性の相談が七割ほどでした。十年後には男女ほぼ同じになり、今では女性のほうがむしろ多いです。

かつては「性のことは男の担当」という空気があって、女性が相談に来るにしても、遠慮しながらでした。「担当の夫が動いてくれないから、恥をしのんで私が代わりに来ました……」みたいな感じがあったんです。それが変わりましたね。

女性たちも、「自分の性は自分のもの」と考えるようになったんだなあと感じています。

――相談の経路や内容はどうですか？

多くが紹介です。泌尿器科、産婦人科、精神科、あるいは保健所などですね。中には雑誌の記事などを見て予約をされる方もいます。

相談内容は、初期は男性のＥＤ（勃起障害）が多かったです。今はいわゆる「セックスレス」の相談が増えました。カップルの間で、性的な関係が持てなくなっているという訴えです。

これは既婚者に限りません。近頃では、「彼と数年つきあっていてそろそろ結婚しようと思うけれど、最近セックスレスになっている。このまま結婚して大丈夫でしょうか」といった相談もあります。

「性は悪いもの、汚いもの」と信じこんだ背景は……

四、五年前から新しい傾向も出てきたんです。

妻に性への嫌悪感や性交痛があって、夫がそれを心配して「一緒に行こうよ」と相談に連れてくるんです。

かつてだったら、女性はつらくても耐えていたり、あるいは夫は夫で別の方法で欲求を満たしていたかもしれません。それが、夫婦の問題として考えるようになったんだなあと思います。

女性の性嫌悪に関する相談を受けていて、ハッとすることもあります。たいていの場合、性虐待など性に関するトラウマが原因だと考えられてきたわけです。でもあるとき、カウンセリングの中でこう気づいた女性がいたんです。

「同じような目にあった女性って、けっこうたくさんいますよね。他の人は問題ないのに、私がこうなってしまった。どうしてだろうと思っていたけど、あのこと自体が原因じゃなかったんです。親にも誰にも話せなかったし、助けがもらえなかったからだったんですね」

この人は子ども時代、両親の間がうまくいっていなかったのです。自分がこんな目にあったと打ち明けたら、両親がいつもに増して「おまえのせいだ」「あなたが悪いのよ」と責め合うに違いないと思ったから、言えなかったし、誰にもフォローしてもらえなかった。性が育つ基盤ができていなかった上に、そうしたことがあって、自分の身体を肯定的に受け入れられなかったんです。

体験そのものだけではなくて、それまでに性の基礎がどの程度育っていたか、自分の中でマイナスのできごとをどういうふうに処理できたかというのが大きいのだろうと思います。

――一般に、治療はどんなふうにするんですか？

行動療法を中心に、その他の心理療法を組み合わせて行ないます。

パートナーと一緒に宿題をやってみる

たとえば女性の挿入障害であれば、まず背景はさておいて、自律訓練などリラクセーションの練習をして、それから宿題を出します。最初はそっと綿棒を入れてみるとかね。次回お会いしたときに、どうだったか、どういう困難があったかなどを話してもらって、段階ごとにやっていきます。夫の協力も必要になります。

男性のＥＤであれば、それが起きる場面を探って、その場面を思い浮かべてもらいながら、不安に抵抗できるようにする「脱感作」という方法をとったりします。

勃起しなければダメだと意識してしまうと、かえって困難になりますから、勃起しなくても挿入できる方法を提案したり、タッチングの心地よさに気づいてもらったり。これは妻が手伝うことが必要になります。

こうやって宿題を出すと、不安で嫌だなと思ったり、今さら照れくさいという気持ちがあっても、宿題だからやってみようかと思えるのです。

必要に応じて、いわゆるカウンセリングを行なって、パートナーとの関係性を一緒に考え直したり、夫婦関係の調整も行ないます。

妻が望んでいることと、夫のとらえ方のズレ

――セックスレスの相談が増えているのは……。

女性からの「夫がしてくれない」という相談が圧倒的です。夫がＥＤというケースは少なくて、やればできるけれどやる気にならない、というもの。

相談にやってくる妻は、とってもエレガントな女性なんですよ。そして夫も社会的にはパワーを持っている。けれど二人の関係の中では夫にパワーがないんです。妻の前で自分の思いを出せない。「こうしたい」「こう感じている」と言えずに妻に気を遣っているというか……。

女性の側は、セックスがないことで、淋しくて、不安なんです。このままいくと二人の距離はどんどん離れてしまうのではないか、夫は自分への関心を失ってしまうのではないか、老後には互いに背中を向けている夫婦になってしまうのではないか、という不安です。

夫のとらえ方は違っていて、自分たちは仲はいいし、会話はあるし、何が問題なの？　と。

女性が望んでいるのは、ただ性的欲求を満たすという

より、「性的に大事にされる」ことなんですよ。

今までの経験では、セックス自体がうまくいかないからといって関係が破綻することはまずないですね。実際に「もし相手が交通事故などで半身不随になったら、どうしますか?」と聞くと、別れるという人はいない。セックスレスから妻が離婚を考える事態になるのは、「私がこんなに悩んでいるのに、夫はそれをとりあげてくれない」というときです。

そこで寄り添えない、問題を二人で解決していこうというふうになれない場合ですね。

――夫婦のとらえ方の違いに、男女の違いを感じます。

まさにそうですね。

女性が大切にするものは、関係の中身なんです。男性の側は、形があれば関係は安定していて、ずっと続いていくと信じこんでいることが多い。どういう関係にしていきたい、というイメージはなくて、当然のように「いつもそばにいてくれる人」になっているんです。

それで思い出すのは、今年まとめが終わった調査なんですけれど。

――シングルの人たちの調査ですね。

日本性科学会の「セクシュアリティ研究会」で、五年ほど前に配偶者のいる人の調査をやったので、今度はシングルをということで、二〇〇二年から〇三年にかけて実施しました。

対象は四十代～七十代で、離婚や死別で一人になった人、非婚で生きてきた人、そして同棲あるいは事実婚の人も含まれています。ほぼ半数が一人暮らしです。なぜ事実婚まで含めたかというと、関係がどれだけ安定したものかは外から判断しにくいので、とりあえず籍を入れているかどうかで切ったわけです。

その人たちの性のあり方を調査したのですが、私にとって目を引いたのは、性意識そのものだけでなく、男女の「寂寞感」の違いなんです。

女性よりも男性のほうが淋しさを感じている?

「単身の淋しさ、もの足りなさを感じることがありますか」という質問をしました。

まず、シングル男性のほうがシングル女性よりも、寂寞感を持っている人がずっと多い。どの年代もです。

なるほどと思ったのは、女性の場合、交際したり同居しているパートナーがいるかいないかで、淋しさに違いがないということなんですね。六十～七十代の女性の場合などは、パートナーがいる人のほうが「淋しさを感じる」という答えが多かったのです。

パートナーとの関係がどうなのか、といった背景についてはいろいろ考えられますけれども、少なくとも言えるのは、女性にとって「淋しさを埋めるのはパートナーの存在ではない」らしいこと。

男性の場合は、「パートナーがいる」「いつもそばにいてくれる女性が誰かいる」こと自体が、淋しさを薄めてくれるようなんですね。けれど女性は、単に誰かいればいいというものじゃない。

実際にあるでしょう？　つれあいを亡くした男性は早死にすることが多い。けれどつれあいを亡くした女性は、しばらくはうつ的になっても、その後に生き生きしたりしますよね。女性にとってパートナーの存在だけが自分を支えてくれるものではないんですね。


――つまり、逆にお荷物だったということ？


いえいえ、そこまで深読みしなくても（笑）。

たとえば夫と死別した場合、それまでの夫との関係を振り返って、その中に自分を満足させられるものが何か見出せる。それは夫の遺してくれた思い出かもしれないし、自分はきっちり仕事をやり遂げたという思いかもしれない。そして今は、孫の世話とか友だちなど、自分を満たしてくれるものが日々の中にある……。

一人で生きてきた女性の場合も、事情はどうあれ経済的なことも含めて一人で生きることが可能になるだけの力を持っているわけです。そして、淋しさを埋め、自分を支えるものを、自分の中や周囲に蓄えてきている。


――女性のほうが強いみたいですね？


うーん、どうでしょうか。

男性も、女性も、たくましさが足りなくなっているような感じはしているんですけど。

必死で目を吊り上げてしまう女性
自分をそのまま出せない男性

女性は確かに、以前よりも要求を口にできるようになって、パワフルだと思います。場合によっては攻撃的というか。でも、たくましいかどうかは、別ですね。

たとえば「やさしくて、私を守ってくれる人がいい」という女性と、かつての「この人とだったら、一緒に苦労してもいい」と覚悟した女性と、どちらがたくましいかということです。

人は、不自由な条件の中ではたくましくならざるをえないんですね。だから昔の女性はたくましかった。かといってその時代に戻ればいいかというと、もちろんそんなことじゃないです。

自由な選択が可能な中で、どうやってたくましくなるのか、というのが課題だと思うんです。

——たとえばどんなことが考えられます?

答えになっているかどうかわかりませんが、夫に向かって「一ヵ月ないのは、セックスレスって言うんですって!」と目を吊り上げて訴えるのは、あまりいい方法とは言えないですよね。

自分の望んでいることを、どんなふうに相手に伝えていくのか、実現するまでどうやって粘り強く待つのか、という工夫がいるわけです。

ところが、不安で寂しくて必死のあまりに、こういう言い方で相手に迫ってしまう。

男性も、たくましさが足りないんですよ。すぐに責められていると感じたり、弱みが出せない。

——ええと、弱みが出せるのがたくましさ?

よくある夫婦の例で説明しましょうか。

夫は、セックスが妻の望むようにいかないことで、妻から、そして社会からも、責められている気がしたりするんです。

別に責めていないし、たとえ責められたって大したことじゃない。それがわかると、心理的なEDも「治る」ことが多いんです。というか、治りかけでわかって、そこで急に楽になって気持ちが「開く」んですね。

最初は、責められていると思って守りに入ります。お互いの関係をどうするかではなく、ひたすら自分を守ることにエネルギーを使ってしまう。

「そんなに言うんなら、おまえだって悪いところがあるだろ!」「そんなこと言えるおまえかよ」とね。

そこで「あなたが本当に言いたいことは何かしら」と夫に聞くわけです。「もうちょっとオレを大事にして、気を遣ってほしい」という答えがやっと出てくる。

そこでさらに、こんなふうに聞いたりします。

「中には、こういう妻には魅力が感じられないという人もいるし、ちょっと自分のほうに自信がなくてという人もいます。あなたの場合、そのどちらかに当てはまりますか?」と。

——そうすると「実は自信がなかったんです」とか?

そうは言わない。「後者です」と答える(笑)。

でも、こういうふうに質問すること自体が「自信がなくてもいいんだ」「弱みがあってもいいんだ」というメッセージになります。

自分をそのまま出せるというのは、たくましさだと思うんです。ただし多くの男性にとっては、弱みを言葉にするのはかなり難しい。言えなくても、心の中でわかればいいんではないでしょうか。

「つがい」になる力が弱くなっていないか？

それと、家庭の中にいる妻に対しては性的魅力を感じない、という男性も、たくましさが足りない！　と思うんですよ。

外の女性には性的な関心を持ったりするわけです。だけど、それって「いいとこどり」でしょう。相手はきれいに化粧していて、自分だっていいところだけ見せていられる。そこでセクシーになるのは簡単なんです。

家にいて、ろくに化粧もしていないし、子どもに「早くしなさい！」なんて叫んでいるかもしれない女性に、セクシーな面を見ることができたり、自分もセクシーになれるというのは、たくましさじゃないでしょうか。

――女も、男も、たくましくなれ、と。

それがこれからの課題だと思うんですよね。動物としての「つがい」になる力が弱くなっているんじゃないかな、と思うことがよくあるんです。これって、人間という種の危機ですよ。

親から離れられない女性も、けっこう見かけます。結婚しても、お母さんにべったり。そうすると、男女の「つがい」として関係を育てていくことが難しいんですね。たとえ気が合って仲よしになれたとしても、男と女として、性の関係を含めて認め合うことができない。

結婚しない男女も増えています。

先の調査では、女性だと結婚しない理由として「男性の身の回りの世話をするのが負担」という声が多い。男性の側は「経済的に依存されるのは負担」ということになるんです。つまり、伝統的な男女役割が障害になっているわけですね。

これはもっと若い層でも言えるかもしれません。三十歳ぐらいの男性から、よく聞くんですよ。「今なら一人で自由にお金を使えるのに、なんで彼女を養わなきゃいけないの」と。

女性も男性も生き方の選択肢が広がってきた中で、これからどういう関係を作っていけるのか、社会通念から離れて考えていく必要があると思います。

3章

とかくこの世は…

三人の手記

「良妻賢母」「女は子を生んで一人前」……世間が期待する役割に負担を感じつつ、自分に強いてしまう苦しさ。出口を探して歩き始めた三人の手記。

スーパー良妻賢母をめざしていたが

H・K

■夫を盛りたて従う明るく聡明な妻、いい母。娘の摂食障害をきっかけに、それが幻想であったことに気づいた。■私のどこが間違っていたのだろう？　なぜこうなってしまったのだろう？

私の中の「女性像」

娘のことで、「あなたのせいだ」「おまえのせいだ」と責め合い一時は離婚も考えた夫と、最近よく話をするようになりました。

あるとき、私はずっと心の中にあったギモンを夫に投げかけてみました。

「女房たるもの、おいしい料理を作り、夫をたてつつ、外では素敵な装いをして、夫の陰からそっとついていくとか……。もしかしたら、あなたはそんなもの、求めていなかった？　私はあなたもきっとそう思っていると思って、勝手にそれを膨らませ、自分をがんじがらめにして、なおかつ娘に押しつけていたのよね。違う？」

すると、「正直なとこ、そうだね」と夫。（やっぱり……。ショック！）

「でも、君はすごくがんばっていたでしょ。がんばってやっているから、じゃあ僕は仕事をがんばろうと思ってやってきたんだよ」

夫は続ける。

「夫として、父親として、後ろから支える努力をしてこなくてごめん。僕はお膳立てされた場面には、どんどん出て行って役割を果たすけど、君が子育てやストレスでへとへとになっているとき、支える役割はしてこなかったから」

思えば、夫はもともと男女役割について柔軟な発想を持つ人でした。

新婚当初、義母や母に手伝ってもらい引っ越しを終えた後、夫がこんなことをもらしたことがあります。

「母がね、君のタンスの仕舞い方を見て、一家の主である夫のものは、上の段に入れるべきなのにって怒るんだよ。そんなのどっちでもいいのにね」

私はといえば、それからすぐに夫のものを上の段に入れ直しました。

子育てでも同じ。夜泣きすると、夫は「僕が抱っこしているよ」という人だったのに、「いいのよ。あなたは仕事があるから」と一人で抱えこんだのは私。「子どもが泣いたらそっと部屋を出て、夫を起こさないようにするのが妻」「子育ては女がするもの」と、何の疑いもなく思っていたのです。

多分、夫は私が頼めば、どんどん子育てを手伝ってくれた人なのでしょう。私のほうが、「任せて。『女』たるもの、『妻』たるもの……」と言って、その可能性を遠ざけてきたのかもしれません。

夫以上に私が「女性像」を作り上げ、それに執着していたということ。

夫は夫で考えていてくれたことがわかり、私はその点では癒されたけれど、親の代や世間の価値観をそのまま自分の中に取り込んで、自ら「従う者」として生きてきた自分に呆然としました。

幸せだと信じていた

私が結婚したのは二十三年前。ちょうど二十三歳の時でした。当時、世間では「女は二十五歳まで。後は売れ残ったクリスマスケーキと同じ」といわれ、結婚で女が値踏みされた時代です。両親は「いちばん高いときに売れた」と大喜びでした。

私は両親のような堅苦しい夫婦ではなく、自由な家庭を築こうと決めていました。目標は、夫を盛りたて従う明るく聡明な妻、母になること。

そのために必死の努力をし、「理想の家庭」を築き上げたつもりでした。

食卓のランチョンマットの上には、その日自分が思い描いた器が並び、一汁三菜がきちっと置かれている。部屋はそれなりにきれいに片づき、かと言って決して無機質ではなく、さり気なく花のひとつやふたつ飾ってある。バブル景気の影響を受けていたとはいえ、今では顔から火が出そうな幻想を信じていた私。

すべては夫のため、子どものため。それで家庭が円満にいくと信じ、「こんなにいい家庭はない」と思い、自分を疑うことすらなかったのです。

それだけに、娘が摂食障害と診断されたときは「なんで！　どうして！」という気持ちだけでした。

深い敗北感のなか、娘に「ママの喜びが、私の喜び。私が何かするとママは不機嫌になるから」と言われたときのショック、自己嫌悪……。

自分の姿が実家の母と重なりました。自らを「私は二百万点の母親」と誇り、「私が育ててあげた」「やってあげた」と折りにふれ感謝を求める母。

私は心の中で、そんな母を嫌っていました。母のように、言葉にこそ出さないけれど、自分も同じことをしてしまったのかと思うと三重のショックでした。

それまで「私のしてきたことは正しい」と頑なに思ってきた私が、摂食障害の子を持つ親のグループにつながり、時間をかけて、自分のしたことをひとつひとつ見つめ直し……。

その結果、見えてきたのが冒頭のような夫婦の関係でした。

高くなるハードル

私の母親は、何でも上を目指す「勝負」の人です。夫（私の父親）を半ば見下しながらも、夫の前では夫をたて、いっぽうでは私に「男は女の上の存在」「一流といわれるのは皆、男性」と言い続けてきました。

料理、裁縫、手仕事は何をしても、うまくて早くて上手。出かけるときは自分の体にぴったり合うスーツを作り、靴とバックをコーディネイト。端から見たらオシャレな人で、私は子どもの頃から「お母さん、素敵だね」「おしゃれだね」と言われるのが常でした。

いっぽう私は不器用で、どこか「もさっ」とした子どもでした。「しっかりしなさい」「何やってるの」と言われ、一生懸命料理を手伝っても「下手だ」とけなされ、最後は母が代わってきれいに仕上げてしまうのです。

「そんなのってひどい！」という小さな正義感をぐっと堪え、言いたいことも言えない私でした。

だからハキハキしよう、明るくなろうと必死に努力しました。

ただし母のように自分ばかりを押しつけたら、きっと仲間はずれになってしまう。「一人っ子だからわがまま」と言われるのもイヤ！

そうして私が習得したのは「協調性のあるいい子」でした。

決して出過ぎず、かといって引き過ぎない。周囲にアンテナを張り、そのつど自分に足りないものを補う努力を続けるうち、自分の中にいくつものハードルが積み重なっていきました。

結婚後は、本を買い込んで包丁の持ち方から料理を研究。煮物も作れなかった私がフルコースをマスターしました。ご近所づきあいはもちろん、子どもや夫の関係のつきあいもこなし、仲間うちで何かトラブルがあれば空気を察してサクッと丸く収め、「いい奥さんをもらったね」と言われるようになりました。

人に何か頼まれたら断われず、子どもが通う幼稚園の親のリーダーになり、PTAの会長になり……。そうして私は自分を見失っていったのかもしれません。

「いい妻」「立派な母親」「素敵な女性」。それはあくまで私の中でだけ思い描かれたものでした。本当は、誰もそんなもの求めていなかったのに。

今まで必死に努力してきたことが、幻想を追い求めていただけなのだとわかり、今まで何をしてきたんだろう？　と思います。

もしかしたら、子どもの頃のあの「もさっ」としたままの自分でいればよかったのかなと思ったり、いや、あのときはああするしかなかったんだと思ったり……。いろいろな罪悪感、自己嫌悪もあって、複雑な心境です。

まずは戦ってみる

それでも私が変わりたいと思い、新し

い方向へ変わろうと努力し、少しずつでも成長していると思えるのは、やはり娘のおかげなのでしょう。

今、私は自分の中にある娘の部分、母親の部分、妻の部分、どれも私自身だと思えます。そのうえで、なおかつ私は「自分」のためにも生きたいと思うようになりました。

どう生きていきたいのか……。今はそれを模索している途中です。

数々の「女たるもの」にとらわれてきた私にとり、これは途方もない迷路。

仲間の真似をして、フェミニズムの本を読んでみたりするけれど、実は難しくてよくわからないし、いったいどうしたらいいの！　と迷うことばかりです。

右へ行ったらいいのか、左へ行ったらいいのか。とにかく進んでいくしかありません。

実は、その第一歩として、今年からヘルパーの仕事を始めました。「良妻賢母」を目指していた頃は、働くなんて考えられないことでした。

不思議なもので、微々たるものでも自分でお金を稼いでみると、気分的に夫と対等になれるとわかりました。

以前は、家事を一切ひとりでしてきた私が、夫に「ゴミを捨ててくれる？」と頼んでみたり。

男だって、ゴミの日くらい知らなきゃ！　後片づけだって料理だってできなきゃ！　私も最初はできなかったのに、いろいろ努力してできるようになったんだよ！　男だからしない、女だからするなんて、おかしいんだから！　……そんな男女平等の気持ちがむくむく出てくるのです。

テレビの前で、夫が「あの女、何をエラそうに」とポロっと言ったりすると、私は画面に向かって「こういう男は許せない！」と、ヤル気満々。

すかさず夫に「男だから、女だからじゃなくて、人間性の話だよ」と返されると、何も言えなくなってしまう私がいるのですが……。

「男でも女でも欠点はあるし、できないところを補い合って、気持ち良く共存したいな」と言われると、「それはそうだけど……」と、私。

私は自分の半生を、自ら「従うべき者」として生きてしまったので、とりあえずは、戦ってみるところから始めてみたいのかもしれません。

「待って待って、本当にこれでいいの？」と立ち止まりつつ、「私はどうしたいの？」「これでいい？」「これかな？」……そんなふうに、自分に問いかけてみること。

自分が何を求めているのか、正直まだよくわかりません。けれども私は自分にとってうやむやなものを、そのまま受け入れるのではなく、悩みながらでも自分で考え、選んでいきたいと思うのです。

今、ささやかではありますが、私には自分のために使えるお金と時間ができました。その中で本を買ったり、ワークショップに出たり、洋服を選んだり。

もっと早い時期に、気づいていれば良かったと思うこともたくさんあります。これからは、「それでもあのとき気づかされて良かったな」と思えるような人生を生きていきたいと思っています。

女は新聞を読むな、と言われて

Y・M

■男も女もない「商家」に育った私が、「農家の次男」と結婚した。タイムスリップしたかのような世界の中で、わけも分からず「いい嫁」を演じようとした。
■親戚関係、夫の浮気……苦悩の果てにアルコールが止まらなくなった。

「農家の次男の嫁」

二十一歳の時、私が恋愛結婚した相手はサラリーマンで、三代続く農家の次男でした。「次男には家を建てて分家させる」という土地柄。十歳年の離れた義兄の采配で、本家からスープの冷めない距離に私たちの家を建ててくれました。有難い環境ではありましたが、そこから、結婚前は想像もできなかった「次男の嫁」という生活が始まりました。

何よりもびっくりしたのは、農家特有の男尊女卑です。義兄に「女は新聞など読むな」「言い返すな」「男の言うことを聞いていればいい」と言われた時は、怒りや驚きを通り越し、悲しかったです。

私はアスファルトに囲まれた商店街の中で生まれ育ちました。家には住み込みの従業員もいて、大人も子どもも関係なく、男女平等に店や家のことを手伝っていました。「男だから」「女だから」「女のくせに」と言われたこともなく、その常識のギャップに悩みました。

しかも何かにつけて「家を建ててやったのだから感謝しろ」と言われます。私はいったいどう感謝を表わせばいいのかわからず、夫はただ「とにかく兄には逆らうな」と言うだけ。夫に「じゃあ何をすればいいと思う?」と相談できる自分ならまだよかったのでしょうが、当時はそれもできず、やり場のない気持ちを腹の中に押し込んでいきました。

「感謝しろ」「次男の嫁は言うことだけ聞け」と言われるうち、だんだんと、自分の立っている場所が「他人様の苦労」の上にあるような気がしてきました。

義兄がうちの庭先で足を留めて近所の人に「草ぼーぼで見てられない」と話すのを聞いて、どこ吹く風と聞き流せればいいのですが、きれいにしなければと思い、必死に草をむしりました。

女性同士のつきあいでも同じです。サラリーマンの妻となら、「子育ては大変よね」という会話も成り立つところ、農家の人にしてみれば「子育てさえしていればいいんだから楽」なのです。

言葉に言えない圧力を感じ、頑張って「いい嫁」をしようと努力しましたが、適うわけはなく、それどころか「私が嫁に来た時はこーだった。おまえはいいなぁ」「代々いっぱい苦労してきたんだ。それに比べればいいなぁ。遊んでて」と言われると、だんだん自分が遊んでいるような気になってしまうのです。

子どもを家に置いて、頑張って畑を手伝おうとしたこともあるけれど、畑仕事をしたこともないのに、うまくできるわけがありません。落ち込んで帰り、子どもを遊ばせながら誰かと茶飲み話でもしようものなら、「遊んでいる」という気持ちになってますますへこみました。

いつ、どこで誰が見ているかわからない。一日中、監視されているような気分で、何をどうしたらいいのかわからなくなっていきました

私さえ我慢すれば、丸く収まる

お盆も嫌な季節でした。

車で三十分くらいのところに住んでいる義姉たちが、子どもたちをつれて泊まっていくので緊張するからです。

子どもたちと一緒にゲームやトランプをして遊ぶのを見ていると、私も仲間に入れてほしいと思うのですが、女姉妹の中に入っていくことができません。

話すとしたら「お茶っぱが出ないよ」「ポット空だから沸かして来て」と言われるくらいで、まるで部外者……。

そして、今思い出しても悲しいのは、夫がお年始に行く・行かないで義姉と喧嘩をし、本家を交じえて大騒ぎになった時のことです。

義母から電話がかかってきて、「弟のくせに、姉さんに逆らうな」と、私が怒られました。夫は側で「誰も俺の言い分を聞いてくれない。俺は知らん」と知らん顔。事情もわからずおろおろする中、「お前が行ってくれれば丸く収まる」と言われ、結局一人で行きました。

誰も話しかけてきてくれず、針のむしろでした。義姉たちは仲良く車で帰るのに、私は無視され電車でひとり帰宅する途中、涙が止まりませんでした。

私は自分で物事を判断してはいけないような錯覚に陥っていました。いっそ感じる心を捨てたい、「無」になりたいと思いました。そんな時、夫が家に帰らなくなりました。浮気が原因でした。

私は義兄から、「家も建ててやって米も味噌も野菜もやったのに、どういうことだ！」と怒られました。浮気をしたのは夫なのに、なぜ、私が怒られるのか。

離婚しかないと思い、法律事務所に相談に行くと「土地はお義父さんのものだし、慰謝料も取れないでしょう。何もかも捨てるつもりでなきゃ無理です」と言

われました。義兄に「子どもが成人するまでは家にいさせてください」と頼みました。私や夫のことが村中のうわさになり、ようやく離婚が許されました。ところがその翌日、夫が帰ってきたのです。

私は「子どもたちと静かに暮らすから、あなたは実家に帰ってほしい」と夫に伝えました。本家は揃って私さえ我慢すれば丸く収まると言いました。私さえ我慢すれば……。つらい日々でした。私はもう何も信じられなくなり、アルコールにのめり込んでいきました。

母でも妻でもなく、私は私

平成八年に依存症と診断され、酒をやめていく中で、私は長い間「自分は自分」と思うことができなかったんだと気づきました。

子どもの頃から、自分の気持ちを隠す子でした。商売に追われる生活だったからか、家族の中では、都合の悪いことは何でも「なかったこと」にする空気がありました。

自分の過去を振り返るのは、私にとってつらい作業でしたが、いろいろなことが見えてくると、「農家の次男」の夫も大変だったんだろうなと思うようになりました。お互いに、そういうことを話さないできたのです。

私は夫より、本家の顔色をうかがって生きていました。いつも「どうしたら気に入ってもらえるか」と考え、自分の悪いところばかり探していました。そんな必要はなかったのに、と今は思います。

ある時、義姉に旅行に誘われ、断わってみたら「今度から誰も誘わないよ！」と言われました。「結構です」ときっぱり伝えたところ、その後も旅行の誘いがきました。人間って、こういうものなんだぁと思いました。気持ちの持ち方ひとつで、こんなにも強くなれ、関係が変わる……。だいたい、三姉妹の間に入ろうなんて最初から無理だったのです。夫が自分のことを理解してくれていればいいのだと、やっとわかりました。

酒をやめてからも、ことあるごとに「離婚すればよかった」と思っていた夫に対し、だんだんと自分の気持ちを伝えられるようになりました。

私は何が嫌で、何をどうしたいのか。そうしたら夫との関係も、少しずつ少しずつ変化していきました。義兄が他界したことや、夫の私に対する負い目もあるのかもしれません。夫も努力しているようで、私がどこへ行こうと文句も言わず送り出してくれるようになりました。

今では、本家の集まりに参加するのが嫌だなぁと思ったら、夫に「行きたくないな。行かなくてもいい？」と聞きます。夫は「いいよ。もし電話で何か言われたら、俺が代わるから」と言います。

今、子育てを卒業した私は、断酒会はもちろん、週一回のボランティア、趣味（陶芸、織物）のほか、興味を持った講習会や展示会などに出かけ、忙しく充実した日々を送っています。

そんな中で、男性であろうが女性であろうが、世の中、嫌な人もいれば素敵な人もいるとわかりました。だから、〈私は私〉。むしろ女性のほうが楽しくパワフル！　と思う今日この頃です。

結婚しない私はダメなの？

莉子

■私は男尊女卑の家庭で育った。子どもの頃から「結婚だけはしない！」と思って仕事に生きようと人一倍努力した。
■ところが社会に出ても、「女は結婚して当たり前」の世界だった。「独身でいるのはわがまま」と言われ続け……。

結婚なんかしない

中学生の時、父親の転勤で転校し、新しい友人の家に遊びに行った時の驚きを今でもよく覚えています。父親と母親が普通に対等に話すなんて……！　それは当時の私にとって未知の光景でした。

私が生まれ育った家や親戚では、土地柄なのかどこの家でも女は下座に控え小さくなっていました。男である夫と対等にものごとを考え、まして意見を言うなど到底考えられない世界。偉いのは男。女よりいいものを食べ、いいものを使い、それを叶えるために女の生活がありました。すべてが男に合わせて準備されていて、妻は黙って夫の世話をし、夫が家にいたら妻は外出せず家にいます。

時代劇のドラマを見た時、これだと思いました。私の家や親戚では今も江戸時代の男尊女卑が続いていて、女は男に「仕える」ものなのです。友人の両親や親子関係を見て、世の中には男女平等な家庭があるんだと知ったものの、私とは遠い世界のことに思えました。

母を見ていると、結婚して子どもを産むことが女の幸せとは到底思えず、私は一生ひとりで仕事に生きようと思い、人一倍努力してしまいました。

ところがいざ就職したら、職場は「女は結婚するのが当たり前」という考え方の人ばかりで、うかつに「結婚なんかしたくない！」と言えない雰囲気でした。「女は結婚して子どもを育て、嫁として姑に仕え、かつ仕事も家事もして一人前」という人もたくさんいて、子どもを持つ女性から、「子どものいない人に子育ての大変さはわかるはずもない！」とかなりきつく言われたこともあります。「結婚しないで独身でいるなんてわがまま」と言われ続けてきました。

自分が揺らいでいく

ところがある男性と恋愛関係になった時に、初めて彼とずっと一緒にいたいと思い、「本当は好きな人の子どもを産んで育てるのが女の幸せなんだろうなぁ」と考える自分を発見し、何もかもが苦しくなっていきました。小さい頃から「結婚したくない」という気持ちで強く抑えられてきたものが、一気に吹き出してきた感じです。

彼にはすでに家庭があり不倫の関係ですが、私が唯一気を許せた男性でもあります。私は幼少期から何度も性的虐待を受けてきていて、心も体も男性を恐れ続けてきました。結婚を拒否し続けたのも、「男性が怖い」というのが正直なところだと思います。たとえ結婚しても夫に浮気されて「私は捨てられるだろう」という不安も根強くありました。

妙な話ですが、「僕が妻を守らなければならない」という彼を見て初めて、男性は妻（女性）を守るものなのだということを知りました。そういう夫を持てた女性は幸せなのだろうと思いつつ、私の両親との違いに改めて愕然としました。「私は彼の奥さんを不幸にしている……そして結果的には彼も不幸にしているのではないか」と、いつも罪悪感に悩まされています。

自分が本当に彼を愛しているなら、彼が奥さんと幸せでいられるように、私は別れるべきではないか。本当に彼のことが好きなのか。あるいは、過去に受けた性的虐待を不倫という彼との関係の中で再現し、男性に性的に負かされないということを試しているのか。自分でもよくわかりません。考えてみたら、私には普通の恋愛がどんなものなのか、よくわからないのです。

ただ、男性が恐い私が、不倫という罪悪感と孤独感に苦しみながらも彼と続けているのは、それが私にとっては初めての男女平等のつきあいで、「何でも話し合わなければ相手には伝わらない」ということを彼が教えてくれたからだと思います。「僕はこう思う」「あなたはどう思うか」と聞かれ、対等に話をすることができる。そんな関係に救われている自分がいるのも事実です。

子どもの頃、父がいない日に悲しみにくれるように、よく壁に向かってうつむいていた母の姿を覚えています。私にはそれがなぜかわからず不安で、「どうしたの？」と聞くと、「何でもない！」と言われただけでした。母はよく「お母さんはどうなってもいいんだ。死んでもいいんだ！」と言っていました。

私は子どもながらに「母を守らなければいけない」と思い、学校でいじめられたことを誰にも話さず、自分の不安な気持ちもなかったことにして、何でも一人で決めて、家族につくして黙々と生きてきました。そうして自立できる仕事を選び、頑張ってきたつもりなのに、今はそれさえ本当に望んでいたのかどうかわからなくなっています。

さみしさのゆくえ

今、私はうつ状態にあります。多分、今までがんばり過ぎてきたのかもしれません。無理をしてきたのだとは思うのですが、まだ自分にとって何が無理なことなのかもわからず、いろいろなことをあきらめきれずにいます。

新しく出会う人には「奥さん」と呼ばれ、「ご主人は?」「お子さんは?」と聞かれると「結婚していないんです」といちいち説明する自分がみじめになって、小さい頃から一人で生きていくと決めてしまったことを後悔してしまいます。

自分の中で「結婚したくない」という思いを貫き通すことができれば良かったのだろうけど、現実はそうでなく、そんなに私は強くもなく。

今まで「独身でいるのはわがまま」とか「女は結婚して子どもを育てて一人前」という言葉を聞いて、さんざん嫌な思いをしてきたけれど、多分それは自分の中にも同じ考えがあるからだと思います。

女として生まれ、子どもを産まないことは、人間としてどこかまっとうじゃなく、女の役割を果たしていない。そんな思いが私の心のどこかにあるのです。

子どもを産みたいとは思えないだけに、苦しいです。ぐるぐる悩んでいるうちにどんどん時は過ぎ、産めない年齢に近づきつつあります。

この淋しさや焦りが何なのか、自分でもよくわかりません。

本当なら自分で努力すれば求められるかもしれないもの（幸せ?）を求めもせず、求める努力もせず、かといって今から行動を変えるわけでもなく、半ばあきらめながらも自分を否定する……。

「私は一人で生きていく」「子どもを産まなくてもいい」と心から思えれば、もしかしたら楽になるのかもしれません。

世間にはそういう女性もたくさんいて、それはそれで立派だと思います。でも、自分のこととなると「子どもを産み育てない私は怠け者」と自己否定感でいっぱいになります。

今は一人で生きていく自信がないので、つらいだけなのかもしれません。結局、私は淋しいのだと思います。

多分、結婚するしない、子どもを産む産まないに関わらず、もし、誰をも傷つけることなく誰かと対等で親密な安心できる関係を続けることができたなら、あるいは仲間との関係で「私はひとりではない」ということを思うことができたなら、私は自分の中で折り合いがつけられるのかもしれないという気もします。

私は小さな頃から「女は家族のために生きろ」「自分の幸せを考えるのは親が死んでからにしろ」と強要され、自分を殺して今まで必死に生きてきました。

今、ミーティングで仲間の声を聞き続け、最近になってやっと「私も幸せになってもいいのかもしれない」と思うことがたまにある自分に驚いています。

でも、「すべては遅すぎる、ひとりでは淋しくて生きていけない」「私は女として役に立たない」と思う時も多く、いつも心は揺れ動いています。

次に生まれ変わるとしたら？女性のアンケートより

「生活者としての実感がいい」

男と共に暮らしたいとは思うが、
自分はだんぜん女がいい。
たくさんの可能性があり、
自由があるから。
子どもを産み、育てられるから。（40歳）

「やっぱり女に生まれたい」

ただし、性的虐待やＤＶがなく、
男女が対等に大切にされる
社会・家庭であったなら。（43歳）

「男の人は鎧を着て大変そう」

だから女がいい。
それに、子を産み育てることは
女性の醍醐味！（52歳）

「今の人生とは正反対の『女』として、生き直してみたい」

社会の価値観に従って、
良妻賢母を目指し一生けんめいやってきた。
でも、次に生まれ変わるなら、
もっと自由な生き方をしてみたい。（46歳）

「女性として愛される楽しみがあるから、女がいい」（31歳）

「素敵なことがたくさんある」

苦しんだ末に夫と離婚して、小学生の娘と暮らしている。狭いアパートだけど、娘と一緒に選んだ家具や照明はなかなか素敵。明日が来るのが楽しみなのって、何年ぶりだろう。次も女がいいと思う。母として、女性として、楽しいことがたくさんあるから。(38歳)

「こんな自分ではなく」

家族の幸せのために生きることが自分の役割と思っていた今までの私は嫌い。生まれ変わるなら、人生の選択はたくさんあると思うので、しっかり自分と向き合って豊かに女として生きてみたい。(51歳)

「冗談ひとつ通じない夫との生活に疲れ果てている」

男は仕事に行き、女は家庭を守る、どちらもまじめが大事……と親から教えられたように思う。まじめが売りの男と見合い結婚したけれど……。次に女に生まれたら、自分の考えで生き直してみたい。(63歳)

「男はおもしろくなさそう」(31歳)

「また女に生まれて、もう一度子どもを産み、育てたい」

自分勝手でわがままな父親が嫌いで、かわいそうな母のようになりたくないと思いながら結婚した。けれど夫は私を甘えさせてくれる人ではなく、私は摂食障害とアルコ　ルがひどくなり、入退院を繰り返した。ＡＡにつながり、少しずつ自分の欠点が見えてきた。夫が受け入れてくれなかったのではなく、私自身が壁を作っていたのだと気づいた。娘も今、心からかわいいと思える。今、妻として、母親として生活できることが幸せ。(46歳)

「女性には出産、子育てができてしまいます。これは負担です」

男性のほうが今の世の中、自由に思えます。より自分らしく生きやすいのではないでしょうか……。(51歳)

「女性の持つ感性、人生の魅力」

男女平等の世の中といえど、男にしかできないこと、女だからできることはある。ただし男でも細やかに気がつく人がいると知り、要するに性格で生き方が違ってくるのかなと感じている。私自身は、生きてきた中で苦しいことも多かったけれど、女性の持つ感性は大切だし、魅力的な人生だとは思う。次も女がいい。(48歳)

「せっかく生まれ変わるなら」

私も今は少し楽に生きてゆけるようになり、女としての自分も好きですが、せっかく生まれ変わるなら、次は男として生きてみたい。(50歳)

「男性としての人生も知ってみたい」(26歳)

「男尊女卑はまだまだある」

今では女性が25歳過ぎても独身でいられたり、世の中多少新しくなった印象だが、やはり男性が優位。次は女性でない性を生きたい。(46歳)

「どっちでもいいです」

どっちでも、それぞれ楽しいことがありそう。(26歳)

「生まれ変わりたくない」

女性のほうが期待されるものが少ない分、心が自由だと思う。でも、もう一度生まれ変わって生きたいという思いには、まだなれない。(54歳)

次に生まれ変わるとしたら？ 男性のアンケートより

「やっぱり男に生まれたい」

男性の方が女性よりも大雑把であることが許されるように思うので。（44歳）

「男に生まれて、飲酒をしない夫になり、家族と向き合いたい」

今は依存症からの回復途上で、家族をよい方向に導く自信がないため、自分のことが好きではありません。（40歳）

「女性のような強さや、やさしさ、たくましさは自分には無理」（63歳）

「化粧しなくていいから」

今はなんとなく、男の自分が好きだし、男のほうが生きやすそう。（36歳）

「男と生活するのは大変。女房を見ていて感心致します」

男である自分が好きですと言うより、
女でなくてよかったと思います。
女に生まれたら、大変だと思います。
（57歳）

「女性に生まれてみたい」

男はこうあるべきという意識が強く、自分で自分を生きづらくしてきた。そういう自分が好きではないし、現在とは別の性を体験したいから。（42歳）

「妊娠、出産といった生理現象に畏敬の念を覚える」

また、女性とのセックスにとても魅力を感じるから、やはり男性がいいです。（35歳）

「できるものなら男として、人生やり直したい」（59歳）

「今一度挑戦をしたい」

自分の努力の足りなさを痛感します。
生まれ変われるものなら今度こそ、
社会人、夫、親として悔いない人生に。（76歳）

「もう二度と、生まれたりするのは御免」

男である自分は汚い。だから好きではありません。摂食障害で「痩せる」ことだけ考えて6年になります。私にとって特別大切なのは「性別を消す」ということです。痩せれば筋肉も落ち、性欲も減退してくれます。でもＮＡＢＡにつながり、いろいろな人と出会い、話を聞くうちに「自分の性別と折り合えない人生もありなんだな」と感じるようになりました。(22歳)

「喜びを感じられる人間になりたい」

依存症から回復して、男として社会的にやれることは多かったんだなと思えるようになり、だんだん男である自分が好きになっています。でも次に生まれるとしたら、男、女、どちらでもいい。(51歳)

「生まれ変わっても男が良い」

男は単純で生きやすい。
子どもを産むときの痛みに耐えなくて良い。
女の人の気持ちが分からないからまた男が良い。
今の人生が良いからまた男。
女の友情より男の友情。(30歳)

「そのときの遺伝子＝神が決めることですので」

精神衛生上、男であることになんら不都合は感じていませんが、
次は男・女どちらでもいい。(40歳)

女は損だなあ……

そう思いました。男は、困ったことやできないことがあると、女が解決してくれるもの、と思って大きくなりました。

というのも、私の家には父のお酒の問題があり、母は常に耐え、父に尽くしていました。

耐えられなくなると、母は妹を連れて実家に逃げていきました。夜中に目が覚めると母と妹がいないことがよくありました。どこに行ったのだろうと不安で寝ないで待っていると、朝方、母が妹を抱いて帰ってきます。私は「どこに行っとったんか」と泣きながら母に抱きつきます。母の姿を見ると安心して、いつもの私に戻ります。

母はどうして別れずに父と一緒にいたのだろうか。

私たちがいたからだろうか。それとも世間体だったのだろうか。

（59歳・男性）

4章

父の教え、母のつぶやき

三人の手記

〈男の生き方〉を説く父。〈女の生き方〉を体現する母。理想と現実の狭間で悩みつつ生きる二世代を浮かび上がらせる、三人の回想録。

母の顔は笑っているのに淋しそうだった

H・T

■摂食障害の治療を始め、母との関係が見えてきた。私が「女になりたくなかった」理由は何なのか……？
■現在から過去へ。そして過去から現在へ。今、自分のセクシュアリティについて振り返ってみる。

テーマは「セクシュアリティ」

私は四十一歳・女性。〈アルコール依存症であり、摂食障害者〉。薬物にも問題があります。

三十五歳の時、一回目の精神病院入院でAA（※）との出会いがありながらも「底」を掘り続け、入退院の繰り返しの末、中間施設とAAにつながりました。

現在三年と四ヵ月になります。毎日ミーティングに通いながら、仕事をし、カウンセリングを受けながら摂食の問題に取り組んでいる最中でもあります。

……そう、私にとっての女性像……母親、そして父親との関係……。

それは「絶対に知られてはいけない」がんじがらめになった殻を少しずつ破っていくとても大変な作業で……。

何せ「私は平気よ仮面」をつけながら、なかったことにしてきた事実を明かさなければならないわけだから……。

世界はどこか遠い

結婚歴なし。子どもなし……最初からあきらめていた。子どもの頃から。

結婚したいと思ったこともなかった。むしろ、父親と母親の間に挟まれ「結婚だけはしたくない」。

夢も希望も持ったことはない。自分が年老いておばあさんになる姿が想像できなかった。そうならずに死ぬ、と。

後に「ノストラダムスの大予言」が世の中で騒がれた時、一九九九年七の月に世界は滅亡すると信じて計算した。「私は三十五歳で死ぬんだ！」。そのことを考えるとワクワクした。

それでも想像の中でだけ「結婚」を考えたことはある。

「もし結婚するとしたら、島を一個買ってくれる人がいいな。愛する人と自給自足の生活をして、いつも一緒にいて、そこで子どもを産んで、その中でだけ育てる。学校なんてとんでもない！　私の子どもがいじめられたり他人から傷つけられたりしたら……絶対耐えられない！」

私の中の男性像、女性像は不明瞭だ。「男らしさ・女らしさ」のイメージもない。育たなかったと言っても過言ではない。

セピア色の世界

父親も母親も、モデルには成り得なかった。

父は仕事一筋の人だった。母はまだ小さかった私によく言っていた。

「お父さんはね、男は外で働いて家族を養うのが仕事。女は家で子どもを育てるのが仕事、って言うのよ」

とても淋しそうに……。とにかく母はいつも淋しそうだった。

一生懸命自分に言い聞かせるように、「お父さんは偉い人なのよ」と言う。

……確かに母の顔は笑っていた。なのにものすごく淋しそうな感情を私はいつも感じていた。

母はいつも歌っていた。「歌っていると、嫌なこと考えずにすむのよ」。

幼稚園に入る前、私はよく絵を描いていた。ずーっと描いていた……いつまでも自分の世界に入って描いていた。

母がレコードをかけると私は踊り出した。いつまでも曲が鳴り止むまでずーっと踊っていた。

四歳でクラシックバレエとピアノを習い始める以前の記憶が、私には鮮明に残っている。幼稚園も自分で選んだ。が、すでに淋しくて可哀相な母親の叶えられなかった夢を、叶えなければならない人生は始まっていた。（無意識のうちに）

母は無口でいたかと思うと急に爆発を起こしたように発狂することがあった。

そう……それは夕方になると、何度か起きた。出来立ての、食卓に並べられた夕食のすべてがぶちまけられるのだ。兄が待ち遠しそうにお箸で食器を叩いただけなのに……。

突然走って家を飛び出してしまうこともあった。私は母がなぜそんなに怒ったのかわからず、「恐怖」だけを覚えた。

母の都合で怒られたり誉められたりする……。小さかった私にはそれが理解できなかった。「何で？」「何か悪いことをしたのだろうか？」「とにかくお母さんを怒らせてはいけない！」。

（こうして外側の「いい子」が形成されていったようだ。なぜなら私は父からも母からも「いい子でいなさい」というようなことは一度も言われた記憶がない）

私は母を怒らせないように「完璧」を求めていった。母の爆発に合うたび、私の中の「何で？」という怒りは上回って行った……「私は悪くない！」と。

やがて「怒り」の矛先が「母親」から「父親」に向くようになった。「お母さんが淋しいのは、お父さんのせいだ！」。

※ＡＡ（アルコホーリクス・アノニマス）＝アルコール依存症の自助グループ。全国各地でミーティングが行なわれている。ゼネラルサービスオフィス☎０３（３５９０）５３７７

沈んでいく世界

まだ夢を見てもいいはずの子どもの頃から、母は私に「現実」を教えてくれていた。

私は幼稚園の頃から「赤ちゃんがどこから生まれてくるのか?」を知っていた。みんなが「コウノトリが運んで来るんだよ」とか「キャベツ畑から生まれてくるんだって」とワイワイ言っている中で、私は「違うもん!」と本当のことを得意げに教えてあげた。

みんなの顔がこわばった。「えーっ!そんなのうそだぁ!」。私は心の中で呟いた。「みんなバカだなぁ。本当のことなのに……」。

母は、自分がどうやって生きてきたかをいつも私に話していた。満州で生まれ、戦争が始まり、母親を亡くし、大変な思いをして日本に引き揚げて、本当に苦労してきたという話を聞いた時、私は母を可哀相だと思ったし、尊敬もした。

小学校低学年の頃には「恋愛と結婚は別」という話をこんこんと聞かされた。

結婚する前「どういう男性とどういうおつきあいをしていたか」という話は、聞くたびに嫌悪感を覚えた。

小さかった私にとって、母の「女」の部分など知りたくはなかった。ましてや母は一人の人とおつき合いするのではなく、「山を登る時はこの人、映画を観に行くのはこの人……」という話を聞いた時は、はっきりと「違う!」と思った。

悲しかったのは、父とどう結婚したかだった。「とにかく早く家を出たかったから……」。シンデレラや白雪姫の絵本の中の王子様を信じたかったのに、こうやってお父さんもお母さんも愛し合って私が生まれてきたと信じたかったのに。小さかった私は大混乱を起こしていた。

割れていく世界

父は仕事で毎朝早く家を出て、夜遅くに酔っぱらって帰ってくるので、ほとんど家にいなかった。

だから小さい頃、朝は絶対に父に「いってらっしゃーい」をするため早く目が覚めた。もっと父にかまってもらいたかったと思う。私だって淋しかった。

それでも夜中に酔って帰ってくる父は怖かった。いつもトイレで吐いていた。父が死んじゃうのではないかと怯えていた。そして寝言がすごかった!

(今思うと、寝言ですべての怒りと不満をぶちまけていたのだろう。悩みなど誰にも話してはならないという人だった)

父は兄のことはとても期待していた。「男は仕事だ。出世するため頑張れ!」

母も兄に対しては厳しかった。「しっかり勉強しなさい」。常に「将来のために……」と。

いっぽう私に対しては「母さんができなかったこと……あなたは自由にやりなさい」。そして父も「お前は女なんだから、好きなことをやって、そのうちいい人でも見つけて結婚すればいいんだよ」と、放任的だった。

「兄の育てられ方」と「私の育てられ方」は明らかに違っていた。

闇の世界

私は小さい頃に性的虐待を受けていた。母のせいで知識だけは頭でっかちの状態になっていた。

小学校一年生の時、自転車に乗って走っていた。木が生い茂っている細い道に入ると前から男の人が歩いてくる……。私は自転車を止めて、その人が通り過ぎるのを待った。……ニコニコと優しそうな笑顔のおじいさん？　と思った瞬間いきなり抱きついてきて私の胸を触わってきた。全身が硬直して動けなくなった。どうやって逃げたかは憶えていない。……ただ心臓がものすごく激しく打ち続けていたことだけは憶えている。

小学校三、四年の頃にも「変質者」に襲われたことがある……その時は必死に逃げた。このことを母親に話したはずなのだが、その辺の記憶が定かではない。

私は三月生まれなので、小学校に入った時はやたら周囲の子がしっかりと強そうに感じたが、私のほうが発達は早かった。生理がきたのは小学五年生。その前から胸も膨らんできて、明らかに他の女の子たちと違う体つきになっていた。そのことがすごく嫌で悩んでいた。周りの男の子たちにもからかわれたし、変なあだ名もつけられいじめられた。

ある日、家で着替えをしていた。母もいた。ふと、「まぁ！」と言って私の乳首を触わった……嫌悪感に襲われた……「あなた、ちょっと来て！」……と父にも触わらせたのだ。あの時のように硬直した……心臓が強く打ちつけた。が、声を出すこともできなかった……すごく嫌だったのに、二人は笑っていたのだ。

自分の体が女性になっていくことがつらくてつらくてたまらない。そのことに自信をつけさせてくれる大人は誰もいなかったのだ。

敵対する世界

初めて一本の「お酒」を買ったのは、小学校を卒業した春休みだった。苦くてまずいと思った。が、あの「酔い」は最高に好きだった。私のアルコホリズムはそこから始まっていたと思う。

中学校に入学するや否やほとんどの運動部の顧問が私のところに来て言った。

「○○君の妹さんだね！　ぜひうちの部に入ってくれ」

兄も私も体育は得意だった。兄のおかげで私にかかる期待は絶大だった。……そう、小さい頃から私はいつも「○○君の妹」だった。「○○君の妹」にかけられる期待には絶対に応えなければならなかった。

選んだのはバスケット部。唯一顧問の先生が何も言ってこなかった運動部だ。本当にやりたかったのだろうか。それよりも「○○君の妹」ではなく「私」を認めてほしかったのかもしれない。

ものすごく練習した。朝練の時間より早く行って練習した。二年生を差し置いて三年生の中に入って試合にも出ていた。そのうち顧問が私を男子部の中に入れて練習させるようになった。

〈女だからって舐めんなよ！〉

……それはすでに、私の中に激しい感

情として生まれ始めていた。

女子の後輩からバレンタインデーにチョコレートをたくさんもらうようになった。「○○せんぱ～い！」という女の子たちの黄色い歓声に心地よさを感じていた。ある時、何気なしに言った男の担任の先生の言葉に強く反応した。

「○○……お前が男だったらよかったのになぁ」

男だったら……？

……この言葉にとらわれるようになった。「女であること」が損をしていることのように、「使えない」ことのように感じられたのだ。

異次元へ

私の頭の回路はすでに被害妄想の状態になっていたのだと思う。今、考えると、あの先生はそんなに深い意味をもって言ったのではないのだろう。ただ、あの時の私にとって「男だから」とか「女だから」と区別されることが悲しかったのだ。私の中で、「私」という「一人の人間」として認めてもらいたかったのだ。

「男」「女」だけでなく、そうした「評価」の基準に対する疑問が私の中にはいくつもあった。「テスト」で頭のよい悪いが決められることも不満だった。「テストで点を取るための勉強」をしなければならないことにもウンザリだった。それに最高の基準を感じて偉そうにしている大人の顔が嫌いだった。

……大人のすることなすこと大嫌い……

もはや「こういう人になりたい」「こういう女性になりたい」という発想は私の中で育たなかった。

「摂食障害」の症状が出始める。シンナーを覚え、高校生で「飲酒」が始まる。……そして私の「性」は何ものでもない「不可思議な生き物」へと進んでいったのである。アルコホリズムの死の行進と共に。

今、「私」が生きる世界から

……これが、私のセクシュアリティに関わる源流、構成要素のようです。

大量の食べ物を吐き、大量のお酒で麻痺させながら、いくつもの自分を演じ、常に「強迫観念」の世界の中で……本当に苦しかったです。

もう嫌だ！　あのどん底の中で、私の心の奥から悲鳴が上がり、「助けてください」という状態になった時から、奇跡が起こり、新しい生き方が始まったのだと思っています。

「過去は過去」。今の自分とは切り離して、自分を見つめていく作業は結構大変です。なんせ頭の中の「こうありたい自分」と生まれてくる感情とのギャップがありすぎて……。でも、残念ながら人と関わらないと、自分が見えてこないんですよね（笑）

二十年近く止まっていた生理が再び来た時……「女だったんだなぁ」とあきらめたと思ったら、今度は子どもから「おばちゃん」って言われて……がーん！ときたけど、「思い通りにならないよなぁ」と、苦笑しながら過ごしている今日この頃です。

「強く清く生きよ」という父の教え

藏坐玄心

■武士の生き方を語る父。期待に沿えない臆病者の自分。そこから逃れるため酒を飲んだ。妻子への暴力、逃亡……。男らしく断酒を誓い、酒をやめた自分は立派だと思っていた。■断酒十二年目、娘たちから思いもよらぬ反発を受け、妻子の人格を認めねばならないことに気づかされた。

女房だけはわかってくれる

……もう一杯飲ませろ！　何でお前はこの俺に酒ば気持ちよく飲ませないのか！　お前という女は横着だ。女房のくせに、主人である俺の気もちを理解しようとまったくしない！

ちゃぶ台をひっくり返す。逃げまどう子どもたち。恨みと怯えを一杯にした目で睨む女房。その萎びた財布から、なけなしの金をつかみとり家を出る。

自分にとって触れられたくない部分、つまり酒や生活力のなさに少しでもつながるようなことを女房が言うと、私は食ってかかり、暴力を振るっていた。〈俺の女房でありながら、何で俺の苦しさがわからないのか……！〉

私は昭和二十三年、鹿児島県と熊本県の県境に生まれ、二十五歳の時に長崎で所帯を持った。

結婚と同時に、庭師になるため、造園業者へ弟子入りした。

父の仕事（不動産業）の手伝いをやめ、猛反対を押し切っての転職であった。慣れぬ力仕事。父の庇護の届かぬ職場。世間のことはすべて知っていたつもりでいて、実は何も知らないボンボンだった。

二年で独立したものの、仕事は不安定で、苦しさつらさの現実から逃避し酒が一番の友となっていった。

私に知られないよう、父から女房に生活費が届く。それと知っていながら知らぬふりの狡い人間に落ちていく。

一生懸命働いて飲む酒は格別である。しかし肝心の仕事が来ない。

人に地道にやるよう言われても、それでは納得が行かず、面白くない。

　自分には金も土地もなく、しがない庭師の自分が嫌になる。しかし、どうしていいのかわからない。この苦しさをなぜ誰もわかってくれないのか……。

　男としての面目が潰れていくなか、女房だけは、自分のことを解ってくれているもの、意のままになってくれるものと頭から信じ込んでいた。

　女房が私を理解してくれないで、誰がこの私を理解してくれるのか。自分には休まるところもないのかと、泣きながら飲酒の泥沼に入り込んでいく。

　二度の内科入院を経て、父に泣きつくと、着いた先は精神病院だった。

　ガチャーンと閉められた鉄の扉。薬漬けにされ、涎をたらしながら「出してくれよ」とせがむ私。「辛抱が足らぬ」と言う父。三十六歳の時である。

　病院に不信を抱いた女房が、粘りに粘って私を退院させ、その足で一旦は女房と専門病院へ行ったものの、病院への恐怖と卑下した心から、私は自分を追い込んでいく。

武士の生き方

　私は幼少の頃より、父から薩摩郷士の潔い生き方（命は惜しむな、辱を雪《そそ》ぐ事。死を目前にしても花を愛でる心を忘れるな。子どもは所有物として大切に守る事）を教え込まれてきた。

　人前、特に家族の前で弱音を吐くことはできず、喧嘩にも負けられない。気弱で小心者の自分にはつらいことが多かった。

　小学校に上がると同時に、父の転勤によって住み慣れた両親の古里を離れ、知らぬ土地での生活。

　我慢強い男でなければ受け入れてくれない両親を前に、転校先での苦しみを言えない私。

　父の出世に伴い転校が増え、そのたびに狡賢くなっていく自分が嫌だった。

　喧嘩に勝つ話に喜ぶ両親。下がっていく成績に厳しさを増す母親。父に従いつつ陰で愚痴を言い、父への不満を子に八つ当たりする母親への不信感。

「早く一人前の男になりたい」という思いは人一倍強いが状況はままならない。

　高校生になると、家出やリストカット（当時はそういう言葉さえ知らず、ナイフで自分の腕を切ったり煙草を燃え尽きるまで腕に置いたりしていた）、飲酒が癖になり、卒業する頃には一晩でボトル一本を空けるようになっていた。

「酒が強いのは男の誇り」と、酒豪の父と二人で飲む酒。

「健二（私の名前）！　よかか！　男は己に恥じる事をしてはならぬ。男は死に直面しても野の花を愛でる心を持たねばならぬ！　今から四代前当主、藏坐賢兵衛輝房は、死の直前に愛刀を抱いて庭に咲いている桔梗の花を一輪、刀の鍔元に飾ったと言う。華屋義貞居士とはこの人のことである」

　三代前の当主、貫左衛門農平は田原坂の戦に参加して、薩摩軍を人吉城まで連れてきた云々。

　酔えば男の生き方を話す父。

　それを真面目に聞く私。

父の説得

三十六歳で精神病院を退院した後、私は飲んで何もかも捨てるつもりで長崎を離れたものの、野たれ死ぬこともできず、二度と帰らぬと決めた家に帰った。本当は、女房や子どもや親のほうこそ私を捨てたかっただろう。けれども自分本位、自己中心の私は、そんなことは露ほども考えられなかったのが今は悲しい。

うらぶれ果てて長崎に帰って来た私を前に、父は寂しくも厳しく話してくれるのである。

「健二！　俺の父、つまりお前の祖父が俺にこんなことを言った」

「さぶ（父の名）よ！　オイはご先祖様から預かった家屋敷、田畑、山林、すべてを失のうてしもうた。そしてさぶ！　お前が腹に宿ったと聴いたとき、そのお前ば身籠った女房と三人の子どもば捨てて出家した。さぶ！　済まんじゃった。オイは若かった時から何ばしても長続きせんじゃった。何ばしてもダメじゃった。そして気づいた時には財産も何も無かごと成っとった！　酒ばっか飲んどる人間に成ってしもとった。さぶ！　お前もオイの子じゃっで！　オイのごと成らんごとせんば！　一つんことばやりとげんば！」

父は続ける。

「健二！　父がオイに残した言葉ぞ！　こん言葉ば残してお前の爺さん、そしてオイの父は死んだ。健二よ！　オイも随分、人に言えんような酒も飲んで来た。見苦しか酒も飲んで来た。お前もオイの子じゃっでオイの血ば引いとっとじゃっで。もうお前も泥水のぐたる酒ば嫌て言うほど飲んで来とっとじゃろうが。ちっとわ（少しは）子どもの事ば考えろ！　お前の子どもじゃろうが、お前が養わんば誰が養うとか！　お前が可愛がらんば誰が可愛がっとか！　お前も男なら自分の子どもくらいちゃんと自分で面倒見らんか！　見苦しか事はすんな！　よかか！　健二、お前がどぎゃんなろうとお前の、子どもはお前の子どもだぞ！　そいば忘るんな！」

祖父の、そして父自身の恥の部分を聞かされたのは初めてであった。

しかし酔眼もうろうとしていた私の頭には、「やっぱり俺の体にはアル中の血が色濃く流れている。この先、生きていても破壊と喪失を繰り返すだけの人生。ならば、生きていくより死を選ぶべきなのだ」という考えしか思い浮かばない。

腹に包丁を突き立てても、それ以上泣いても喚いても、どうにもできない自分がいるのである。

空威張りの心

ところが一年と四ヵ月の乱行の末、女房に付さ添われ専門病院へ行くと、不思議なことに、私はホッとした。

精神病院を怖がっていたが、入院してみると、それまでに経験したどこの病院とも違い、やさしく保護されているような気持ちになるのである。

私は解放されたのか……？

幾年かぶりで私の心にそよ風が吹く。心の隅の何処かに、中心の定まった小さな独楽《こま》が静かに回るように、何かが私の中に動き始める。

院長は、今までに会ったことのない人種のように思えた。私が良かれと思って言い出すこと、今までに行なってきたことすべてと言っていいほど、覆される。私の生き方とは正反対なのである。

平たく言えば、物事に対するこだわりを極力なくす生き方。

そのような生き方があるのだろうか……?

二ヵ月後、私は断酒できるという全く根拠のない強い確信と、飲まなきゃ良いがという他人事みたいな少しの不安と、もしもの時はこの病院、あの院長という大きな安堵感を持って退院した。

「飲まぬ自信がある」と言うと、「そう言う時が一番危ない。ゆっくり点滴を受けて行け」と院長。

「急ぐから帰る」と断わる私。

本当は、「良く頑張っとんね、たいしたもんだ」と言われたい。

例会では、「飲まない」「飲みたくない」「酒など欲しくないし、酒屋に行ってても飲み屋に行ってもどうも無い」と言い続けていた。

飲んでしまった仲間を心の底で笑い、話の肴にし、女房の頭部にできた円形脱毛症を見て心なくも笑い転げる私。

この時期の女房の私に対する気の遣いようは、筆舌に尽くし難いものだったであろう。今思えば哀れそのもの。

酒をやめていても家計は上向きには成らず、相変わらず仕事は安定しない。そんな中、女房の一言で私は家を出て行ってしまうのである。

「生活は苦しいけれど、あなたが飲んでいた間に貯えたお金が少しある。頑張って今は断酒の勉強をしてください」

女房は不安に揺れる私を慰めるつもりだったに違いない。女房の言葉、女房の必死の努力は痛いほど分かる。(その時点ではその時点並みに)有難い……。が、しかしである。

飲んでいる時に貯えができた? 今現在、俺は断酒し、不安定ながらも仕事もしている。それなのに赤字で、飲んでいる時に貯えた金を断酒に使えだと? 何のために断酒ばすっとか! 怒りで私の心は塞がってしまう。

酒が恋しい、酒ば飲まんば。今酒ば飲まんば、いつ飲むとか!

誉められたい

人の目を恐れ、長崎を離れ、何日飲み回っただろうか。

かつて病院で聞いたある人の言葉を思い出し、涙が出てきた。

「酒さえ飲まんかったら、何とか成るさ!」

私は病院へ、院長の元へ戻りたかった。しかしすぐには戻れなかった。

病院の敷居は、飲酒の日数が重なるにつれ高くなる。敷居が高くなればなるほど、求める心が強くなる。

ついに意を決して病院へ行くと、玄関はとうてい跨げない高さになっていて、どうにも入ることができず、おぼつかない足で酒屋に向かった。

「オヤジ、一杯飲ませろ!」

顔が泣きそうであった。

酔った勢いで再び病院へ行ったものの、結局、保護室で過ごしただけの入院。後は元の木阿弥。

その数日後、私は酔いがまだ覚め切らぬ頭で、自分はどこにいるのかと考えていた。魚屋の友人の家である。

ぼーっと天井を見つめ、喉の乾きと激しい飲酒欲求に堪える。

酒をやめよう。やめなければ……。

しかし、酒を断つという確固たる証拠を見せぬことには、もう誰も俺が酒をやめると信じてくれぬだろうと思った。家の中を歩き回り、手入れの行き届いた包丁を手にすると、私は左手小指を切り落としたのである。

〈自分は常に何事も中途半端であるという気持ちが、小指を断ち切る最後の力となっていた。誰かが信じなくても、己を信じたら良いものを、人の目がやたら気になる心が哀れである〉

私は無性に院長に会いたくなった。

切り口が疼く左手を包帯で包み、病院へ行くと、長時間待たされた挙げ句、院長に会うこともなく保護室へ入れられた。

〈俺を何だと思っている！　指まで詰めて断酒の決意ばして来たとに。何でか！　誉めてはくれなくても、せめて認めるぐらいの言葉を掛けてくれても良いのではないか……〉

退院時、思いもかけず来てくれた母が、恐る恐る院長に聞く。

「先生、この子は、今度は指詰めてまで決意しましたから、今度こそ大丈夫でしょうね」

院長は、きれいに縫い上がった私の小指の傷痕を見ながら「指詰めて酒の止まっとならば、指は全部で十本有っとですよ」と、素っ気ない。

咄嗟に口から言葉が出る。

「次に飲んだら自分で自分を始末します」

院長は

「そこまでせんでもよか」

母が、私が期待していた「よくぞ指を詰めて決心ばした。今度は大丈夫、大したもんですよ」という言葉は最後まで出ず、落胆は激しかった。

人を追い詰めない言葉

それでも断酒一、二年は、自助グループなどで指を詰めた話をして回り、「よくそこまで決心したなァ。えらかですねェー」と誉められ、有頂天になっていた。

断酒は俺のようにしなければと自負までするようになっていたが、時折り、あの「指を詰めて酒の止まるぐらいなら指は全部で十本ある」という院長の言葉が耳について離れない。

次第に家族への懺悔の気持ちが生まれる中、断酒四ヵ月目に亡くなった父のことを考えるようになっていた。

あの当時、私は「断酒を認めてくれるまでは会えない」と思い、父を避けていた。父はいつまでも強く、ずっと生きているものとばかり思っていた。

いろいろなことを思い出すにつれ、父の愛情の深さが身に染みてきた。

同時に、ある考えが、何度か頭をもたげることがあった。

もしかしたら、父のほかにも、自分に

惜しみなく愛情を注いでくれている人がいるのではないか、という疑問である。

いつも自分の思いばかりで、人の心など考えたことのなかった私に、初めて人への興味のようなものが生まれていた。

ふと、自分は何か取り返しのつかぬ事をしているような気持ちになった。

口数の少ない女房。

会話が成り立たなくなったのは、私の女房に対する注文のせいではないか？

女房が私の思うようにしなかった時の、私の怒りと叱咤、罵声によって、彼女の心が畏縮してしまっているからではないか？

いや、そうではなかろうと否定する。

女房は女房、俺は俺。私に黙ってついて来さえすれば幸せになるのだと思い直す。

そんな時、院長に言われた一言が私の胸を射た。

「あなたは被害者だったから、この病院へ来たんでしょ。心を傷めつけられて、酒に逃れて……」

この私が被害者……？


女房子どもを殴り、親までも殴ったことのある私が被害者であるという意味が、最初はまるで理解できなかった。

しかし戸惑いながらでも、答えはある一つの方向へまとまっていく。

〈自分は弱い人間なのではないか〉

弱さを隠すために、強く生きなければならなかったのではないのか？　強くなるために、酒や暴力を使い……。

自分が弱い人間であるということを前提に考えていけば、今までの行動は全てと言っていいほど、納得がいくのである。

何かに目覚めようとしているような、断酒八年目の頃、日記をつけていてハッと思う。「指詰めて酒の止まっとなら指は全部で十本ある」という院長の言葉……そうか、一人のアル中が酒を断つのにどれほどの人々を翻弄させているか……。

〈お前は、お前のストレスだけで指詰めて粋がっているが、それが何か！　もっと真剣に考えてみろ！〉

という言葉があの院長の口から続きとして出て来そうで、心の底より恥ずかしくなってくるのでる。


退院の時、母と私が望んでいた言葉をもし院長の口から聞いていたなら、私はのぼせ上がり再飲酒に落ち込んでいたであろう。私は院長の人を追い詰めない言葉に救われ、そして考えるという事を教わったのである。

それに比べ、私はどれほど多くの人を言動で追い詰めてきたのであろうか……。

しかし、言葉の表現に気を留める以前の事として、特に女房と子どもに対し、まず、その人格を認めねばならないと気づいたのは、何年も経ってからである。

所有物

断酒十二年目の時、ドメスティック・バイオレンスに関する取材の話があり、意気揚々として応じたところ、娘たちから猛烈な反対を受けた。

好きな酒を飲んでさんざん恥ずかしい思いや苦しい思いをさせ、酒をやめたら今度は女房を連れて家を留守にし、お金を使い、「断酒何年」と言っては威張り散らしてばかりで「子どもの気持ちを考えた事があるのか」と。

確かに断酒当初は、夜も家に子どもたちを置いて自助グループに行ったりして、何度淋しい食卓を経験させたか知れない。しかし、子どもたちはすでに大きくなっており、あの記憶も過去のことだと思っていた。私としては、家庭はすべて丸く収まり、家族も同じ気持ちであると信じて疑いもしていなかったのである。まさに晴天の霹靂。泣いて狂いたくなる怒りを覚えた。

しばらくして、娘たちは静かになった。それはそれで不思議ではあったが、いっぽうで私は自分の情けない過去と情けない現実を突きつけられ、消えない恨みの炎に苦しんでいた。娘たちの心と女房の教育のまずさを思うと、どうしても腹が立つ気持ちが消えないのである。

酒をやめ、遊びもしないで、欲しいものも買わずに頑張って頑張って大学を〈出してやった〉。海外で挙げた結婚式にも出席し、一匹狼の庭師の稼ぎでできる限りのことはしてやったではないか。

〈女房は何をしていたのか！　子どものケアは女房の役目だ！〉

〈なぜ私を立てて娘を教育しなかった！　女房とはその家の主をひたすらに立て、主が立つことにより光るというものではないのか？　その主を蔑ろにしてどうする。お前は女房として失格である！〉

今度ばかりは誰が何と言おうと、私は納得ができなかった。すぐに「俺は、俺は」という心で一杯になってしまうのである。

ところが半年ほど経った時、ふと、以前に聞いたある人の体験を思い出した。それはこんな話である。

あるとき目覚めたら、女房がいなくなっていた。自分はその後、子どもを施設に預け、飲み続けた。乳飲み子を残していなくなった女房を、「母親のくせに、何たることか！」と恨んできた。

しかしそうまでしなければならなかった女房の気持ちを考えたことは、一度もなかった。何十年もたって、酒をやめて初めて、女房子どもは自分の所有物であると考えていたことに気づいた。

「本当に悲しかです。泣きたかです」

私は何度となく、この話を思い出した。そこでようやくと、己の甘えに気づかされたのである。

女房や子であるからといって、自分の意のままになるものではなかったのである。それぞれ別々の個性を持つ、別個の人間なのであるから。

そのことに気づくまで、私は何十年もかかってしまった。

女房は女房で、彼女なりに一生懸命生きてきた。それなのに、これ以上、何を求めようとしているのか。

女房には女房の、娘たちには娘たちの人格があり、それを守ってやるのが本当の「やさしさ」というものではないか。

私はもともと、娘たちに対し「世間に恥ずかしい思いをさせたくない」という気持ちが強くあった。自分としては、仕事をして学費を稼ぐことも、精いっぱいの愛情のつもりであった。

そういう恩着せがましいことは「男として言うべきではない」と口にしないできたが、結局、私のしていることは、同じであった。

自分との距離

私と女房の関係は、わがままを言って駄々をこねる子と、それをあやす母親のようなものだった。

女房は女房で考えて行動しているのだから、それが私の意のままにならないからといって、私が自分の考えを押し付ける筋合いはない。

そのことがわかったとはいえ、すぐに自分が変わる訳ではなく、相変わらず会話の少ない夫婦ではあるが、少なくとも私の女房に対する見方は変わった。それまでならカチンとくるだけであった女房の仕草を、「よく頑張ってくれている」と見ることができるのである。

ここ数年、別々の時間を過ごすことが増え、女房も私も趣味を持つようになった。

まさに一心同体だった夫婦の間に少し距離のようなものができたと思う。

女房はパッチワーク、私は父が好きだった俳句を始めた。できの悪い息子で迷惑をかけてきたが、父の亡き後、自分も何か跡をとりたいという思いがあった。

距離といえば、二十年以上も同じ敷地内に暮らしてきた女房の両親と、数年前から別居するようになった。

私はどうしてだか楽になり、その時になって初めて、婿養子のような状態でいたことが重荷になっていたと気づいた。

これは自分自身が作り出したストレスであると思う。

自分の中には、常に「男らしく生きねば」という考えがあって、私はその表面的な「男らしさ」にとらわれていた。

つまり見栄を張ったり喧嘩をしたり、自分を強く見せるためにした「強がり」こそが、私にとっての大きなストレスだったのである。しかし、それがストレスであることさえも私は気づかなかった。

私は父の影響もあり、子どもの頃から「何か大きなことをしたい」「できる」と思ってきた。

ところが現実の自分の姿は、いつも思い描いたようなものとはかけ離れていたのである。そのギャップに苦しんだ。

断酒を通し、自分の恥の部分を話して、弱い自分のまま生きてみたら、随分と楽なことに気づいた。

だから今は、自分が弱いことを認め、そこから始めることが「男らしさ」であると考えている。

自分が見えてくればくる分だけ、恥ずかしさもある。けれどもそれは、隠れてしまうほどの恥ずかしさではない。

思えば私は長い間、人との距離だけでなく、自分自身との距離がなかったのだろう。自分を見つめることもなく、人を見つめることもなく。

庭師としての、私の仕事も変化した。石や植木の個性を大事にするようになったのである。

自分が思い描いた通りの庭に仕上げていく中でも、石に合わせ、植木に合わせ、配置や選定を決める。雛形のない仕事で、一筋縄ではいかない。

飲んでいた頃は、自分を卑下する材料にもなっていた庭師という仕事を、ここまで続けてきてよかったと思う。

今はこの仕事が、とても愛おしい。

父の描いた「男女対等」という理想をめぐって

おしゃべりワンワン

■妻の姓を名乗り、世帯主も妻……世間的には一風変わった生活を私が選ぶことになったのは、どうしてだったのか。

■あれから十三年が過ぎた。私はこのあたりで、結婚後まもなく亡くなった父の「教え」を振り返り、その背後にあった思いを推理してみようと思う。私自身の現在地点を確認するためである。

妻の姓を名乗る

私は結婚する際、妻の姓を選択した。世帯主も妻になってもらった。この形で生活することは、男のプライドに関して何か支障があるかもしれないなと予想したが、あれから十三年過ごしてきて、とりたてて何も支障はなく、結果としてこれでよかったと思っている。

妻の姓を名乗ることを最初に思いついたのは、実は私ではない。私の父親なのである。

「一人っ子だからといって家などということにこだわる必要はない。結婚するなら、相手の女性の姓を名乗るのもいいではないか」

もともと世間的には変わり者で、スタンドプレーの目立つ父だったが、言われたときには戸惑った。父の世界の中で自分が認めてもらえず隅に押しやられるかのような、寂しさも感じた。

しかし、父の言うようなやり方もいいかなと考えて、結婚した。その直後に父は体調をくずし、亡くなった。そのため父の真意を聞くことはできないままになってしまった。

私にできるのは、父の思いを推理してみることだけである。

「ただの庶民だ」

私は父が四十歳のときの子どもである。父は関東大震災も経験し、先の戦争に出征した経験もあった。

母は二番目の妻である。

「最初の結婚では、俺が亭主で女房は下だと見ていたのがいけなかった」

父はそのように語っていた。対等な関係を作れなかったのが失敗だったのだと。しかし、二度目の妻となった私の母は、父より十六歳も年下であり、対等なはずの職場恋愛は、お堅い銀行の中でちょっとしたスキャンダルになったらしかった。父はいわば、愛を貫いて職場をやめ、自分で事業を起こしたのである。

そのような父にとって、血筋を守るということは何かつまらないもののように感じられたのかもしれない。

「家系をどうこう言うような家じゃないんだよ。ただの庶民だ」

そんなふうに言っていた。その昔は江戸市中で商売をしていたらしく、当時は苗字などないわけである。しかも父の父親つまり私の祖父にあたる人というのが、よくよく調べたら養子であり、祖母も養女であり、血筋も何もない。

先祖の墓というのがあるが、これは震災のときの崖崩れで、流れてしまった。その辺にある骨を檀家が集まって分け、新たに引き受けてくれるお寺を探して、墓を立てたのだという。寺の宗派も、本来のものとは違っている。

かように、昔とのつながりは切れていたのである。

それに加えて、父は事業のかたわら、さる女性代議士の選挙参謀として、女性の権利拡大を社会的にも主張してきた立場だった。その末に、議員の座を守ることを優先して現実と妥協していく代議士に愛想を尽かした経緯も聞いた。

「形より実をとれ。女性の上に立って力で押さえつけるのではなく、本当に相手から尊敬されるような存在になれ」

それが父の教えであった。

理想と現実

父はまさしく、理想を追い求める人だった。しかし理想と現実とは、なかなか一致しないものである。現実がどうだったかは、子どもとして日々見てきた。

たとえば、父はいつでも母の意見を聞いて、対等に話し合おうとしていたが、「おまえはどう思うか。意見を言ってごらん」と聞くとき、こんな返事が返ってくるはずという用意がすでにあって、聞いているような気配があった。母はけっこう父に遠慮しているみたいだと、幼いながらに感じていた。

実際に父が亡くなって十年以上過ぎた今、母はかつてより華やかに見える。生活を楽しみ、活動的で、洋服の柄も格段に派手になった。男女の対等な関係を声高に標榜する父のもとで、母は自分を抑えていたのであろうと思う。

私自身も、自分を抑えていた。多少は父に逆らってケンカをしたこともあったが、最終的には父の意見に従った。最後まで考えを曲げずに主張するといったようなことはしなかった。

あとから思えば、父はそれが物足りなかったのだろう。こちらが自分の考えをストレートにぶつけて、「よし、かかってこい」というような関係を望んでいたのかもしれない。

大学を出て就職し、自分なりに一生けんめいやったつもりだが、結局は父が経営する同族会社に戻った私の生き方を、父はあまり認めていない節があった。

　父から離れられなかった私を、ある意味で自立させるため「妻の姓を名乗ったらどうだ」と言い出したのだろうか。「家庭生活を落ち着けるまで、トップでないほうが気が楽だろう」と、当時社長だった私に代わって自分が社長に復帰したのは、仕事面でも私を認めていなかったのだろうか。

　あるいは、親の生き方などに引きずられる必要はない、ということを、そのような形で伝えようとしたのだろうか。

　今となってはすべて想像でしかない。そして私自身は、父の意見に従うというよりは、父との間にあった葛藤に自分の中で踏ん切りをつける意味もあって、妻の姓を名乗ることにしたのだった。

伯母の波紋

「裏切り者！」

　私の決定を伝えたとき、父の姉はそう言った。この伯母のことは子どもの頃から大好きだったから、さびしいなとは思ったが、以後は一線を画してつきあうことになった。

　人にはいろいろな考え方がある。伯母にとっては、家名を代々受け継ぐことが重要だったのである。

　関東大震災の折に、十歳だった伯母は一人で家にいたが、ありったけのご飯をおひつに詰めて、それを抱えて逃げたそうだ。とんぼをとりに行っていた四歳の父を探し出し、父の友だちも一緒に連れて、親とめぐり合うまで守るという役目を果たしたらしい。この話に象徴されるように、家族を守ってきたという自負を持つ伯母にとっては、生家の苗字が消えることがショックだったのだろう。

　こうした伯母の反応が、私にとっては一番の波紋であり、そのあとは、姓を変えることにともなうたくさんの届出にしても、思ったほど怪訝な顔をされることもなく、すんなりといった。

　そうして始まった私と妻の新しい生活は、体裁はへんてこだが、中身はなかなかいいと思っている。

「おと、おかあさん」

父の事業を継いだ私を、妻はできる範囲で手伝ってくれるし、彼女自身も別な活動をやっている。そのため家事はお互いにできることをしている。妻の帰りが遅くなる日には、私が夕食を準備する。

　子どもが幼い頃には、妻から「もっと私の負担を理解してほしい」と強い申し出を受けたこともあった。以来、できるだけ関わるようにしている。

　子育てに関しては、妻は成績優秀だったなりの視点で、私のほうはあまりできなかったなりの視点で、息子とつきあっていると思う。

　妻は、子どもにかなり要求し、わかるまで考えさせようとする。私はつい、気の毒になって答えを言ってしまい、妻の怒りを買う。また私は、唯一得意だった社会科に関して、いきなりまくし立てて子どもの目を点にしてしまう、という働きもしている。

　小学生の息子は、今でも、私の布団に

一緒に寝たり、妻の布団に入ったり、そのときの状況で好きなほうを選んでいるようだ。妻に向かって「おと、おかあさん」などと呼び間違えることもあり、笑ってしまうが、確かに父親役割と母親役割が判然としない家庭かもしれない。妻は私に向かって「あなたのほうが、世話焼きで心配性で、母親的よ」などと言ったりする。どちらが何の役割などとこだわることはなく、やれることをやっていれば、別にいいのだと思う。

目標に向かってまっしぐら、というのはあまり私の好みではないので、個人的には、息子にはいろいろ見聞を広めてほしいと思っている。

妻と私とでは、感覚が合うところもあるし、合わないところもある。最初のうちは感情的になってカッとくることもあった。今となっては思い出せないほど些細なことで、怒ったこともあった。

すると妻は、ふっとその場からいなくなってしまう。怒っている人のそばにいてもつまらないから、という、まるで猫のような発想である。置いてけぼりになった私は、自分の中にわいた感情をゆっくり味わう。すると、ここは譲れない、ここは譲れる、ということが冷静に考えられるようになる。

年を経るごとに、譲れないことなどあまりない、と気づくようになった。妻には妻の考え方、私には私の考え方があっていいのだし、両方の望みをかなえるやり方ぐらい、考えればいくらでもあるのだから。

今でもたまに、妻と話していて感覚が食い違い「え?」と思うことがあるが、それを声に出さずに自分の中で「え?」を反芻する。これは、どの程度の重要度なのか、爆発して自分をかけるほど大事なことか、と。

そうでもないのである。

私も理想主義者?

そんなことにこだわるよりも、三人で生活している楽しさのほうが大きい。

妻には私の仕事がよく見えていて、私も妻の活動を共有できる。息子も、どこまで理解しているかわからないが、少なくとも普通のサラリーマンよりは、親の仕事と生活の実際が見えているだろう。

家庭と仕事とが、乖離していないのはいいなあと感じる。「お父さんは外でお金を稼いでくる。お母さんはうちにいてボクやお父さんの世話をしてる」のでは、共同で生きている感覚がなくて、なんだかつまらない。

かつて、父親は狩りに行き、母親は木の実をとったり市で交易をして、共に生活を支え、子どももその中でできることをしつつ育っていった……そんな生活の形と少し近いのかなと思ったりもする。

息子に対しては、たくさんの選択肢の中から自分の生き方を選べるように願っている。いまや男も、昔より生きる選択肢が広がっているはずだから。

……ひょっとして、私も父と同じように理想主義者なのだろうか。しかしたぶん、父よりも気負わない楽しい関係が作れていると思う。その点では、父を超えることができたかもしれない。

(と、願ってみたりしている)

5章

男性が「父親を乗り越える」ことの意味

――新しい男性像を探る作業

ソーシャルワーカー 水澤都加佐

男の生き方！

水澤都加佐《みずさわつかさ》 PROFILE

ソーシャルワーカー。1975年より、アメリカの数々の治療機関にてアディクション問題へのアプローチや家族プログラム、グリーフワークなどのトレーニングを受ける。神奈川県立せりがや病院心理相談科長を経て、'94年よりアスク・ヒューマン・ケア研修相談センター所長。2005年4月、横浜に相談室「Healing&Recovery Institute」を開設する。著書・訳書に『もえつきの処方箋』『もちきれない荷物をかかえたあなたへ』『子どもを生きればおとなになれる』（いずれもアスク・ヒューマン・ケア）、『子供を愛しすぎてダメにする親』『恋愛依存症の心理分析』（大和書房）、『夫の言葉にグサリときたら読む本』（ＰＨＰ研究所）など。

「毎晩遅くまで仕事をして、タバコを吸って、お酒を飲んで、定年で辞めて四、五年で死ぬ」

ある意味で、これが日本の男性の典型的なストーリーです。私は実際、有名企業のエリートたちがこうした道をたどるのを何度も見てきました。

そして家庭ではこの男性たちがどうしているかといえば、配偶者や子どもを力で押さえつけていたり、夫役割や父親役割を果たそうとせずに、母子の連帯からはじき出されて仕事に邁進していたり……。

こうした男の生き方に対して、これではいけない、自分はそんな生き方はしない、という声がたくさんあがるようになりました。

「これまでの男性モデル」を否定するところまではいいのですが、しかし多くの人にとって、そのあとが見えないことが苦しさの原因のようです。

仕事のためにすべてを犠牲にするのではない男の生き方とは、いったい何なのか？

家族を大切に守るとは、配偶者や子どもを尊重するとは、どういうことなのか？

力の誇示に代わる「男らしさ」の提示、新たな生き方のモデルが、今、必要とされていると思うのです。

アンチ父親

私の相談室に、近頃男性のクライエントが増えています。お話をうかがっているうち、内面に父親との葛藤をかかえていることが見えてくる場合が多いのです。

たとえば、これまでずっと、父親のようにはなりたくないと「アンチ父親」で生きてきたという人がいます。

酒を飲んでは仕事のグチを言っていた父親。ちょっとでも母が言い返せば、「食べさせてもらっているくせに、何を言う」「お前に男の大変さがわかるか」と怒鳴って、物を投げていた。仕事ばかりで子どもに関心を向けず、

ESSAY

コミュニケーション不在だった……。

そんな父親を嫌悪し、「自分は父親よりえらくなって、父を越えるんだ」という目標をかかげて生きてきたのです。がんばって勉強し、難関の資格をとり、父親より稼げる仕事を手に入れます。

これで父を越えたはずだったのです。ところが……。

恋人ができたものの、どんなふうに関係を作っていけばよいのかがわからない。

力で押さえつけるのではないコミュニケーションというものが、具体的にどんなものなのか、モデルがないのです。

結局、父と同じようにふるまっている自分に気づき、自己嫌悪に駆られたり、関係そのものの価値を疑ったりします。

職場でも、自分の力を発揮することはできても、部下をどう指導していけばいいのか、見当がつかない。

ふと自分の周囲を見渡してみると、まだまだ「強い男」が幅を利かせていて、上司もまさにそのタイプだったりします。

「男は決断だ」「男は酒だ」「男は強さだ」「男は仕事だ」……まるで父親そっくり。自分が否定してきたものの中に、いつの間にか取りこまれていることに気づき、一体どんなポジションをとって生きていけばよいのか、わからなくなってしまうのです。

そして結局は、父のように酒を飲んで愚痴をこぼしている自分がいる。その嫌悪感たるや、かなりのものだと思います。

「アンチ父親」という出発点から、いったいどこへ向かえばいいのか？　無我夢中で父を越えようと努力してきた男性にとって、難しい問いです。

考えてみると、男としての生き方を教育してくれるような場というのはほとんどありません。

よくある父親の問題

父親との葛藤をかかえている男性のクライエントの話を聞いていくと、「男らしさ」の弊害が見えてきます。それは、次のようなものです。

◆暴言・暴力など力による支配

◆弱さを認めない……男は強くあれ、やり始めたことは最後までやり通せ、泣くな。

◆子育ての放棄（ネグレクト）……仕事・酒・女性関係に時間と労力を費やし、家庭での責任を負わない。

◆子どもの選択肢を奪う押しつけ……二種類がある。

〈狭小な価値観の押しつけ〉

たとえば、東大でなければダメだ、私大なら慶応・早稲田以外はダメだ、福祉など男の仕事ではない、医者の家系だからそれ以外は許さない、など。
〈自分が果たせなかった夢の押しつけ〉自分は中小企業で苦労したから、お前は大企業に入れ、など。
◆**まちがった「男らしさ」の植えつけ**……夫婦の関係から無意識に子どもに植えつけられるものもあるし、あるいは「男は外に出たら大変なんだ……。女にはわからない。文句を言うな」など「男とは○○というもの」「女は○○すべき」と男女役割を規定して、「コミュニケーションの必要なし」という観念を刷り込むなど。

ここにあげたものは、誰かを犠牲にすることで成り立つ「男らしさ」です。そんなものは、誰も幸せにしないのです。

男らしさって何？

それでは、自分も周囲も幸せにする「男らしさ」とはどういうものでしょうか。

それは相手を尊重することだと、私は思っています。

私がそう言うと、「尊重するとはどういうことか？」「何を尊重したらいいのかわからない」という反応が返ってきます。

「相手の存在そのものを尊重する。その人の価値を、その人の考え方を、欲求を、ニーズを、希望を……」

こうやって考えていくと、相手の希望を尊重するためには、ときには自分の欲求を抑える必要があることに気づくのです。

抑えてばかりでは自分が苦しくなるから、相手に自分の希望を伝え、話し合う必要もでてくるでしょう。弱さを見せ、サポートを求めることも必要になるでしょう。

それこそが、今求められている「しなやかな男らしさ」ではないでしょうか。

親が「男と女」に戻るとき

母親からの支配でがんじがらめになっている男性もたくさんいます。

そこに見えるのは、親夫婦の関係性の問題です。母親が子どもを支配する背景には、たいてい「父親が機能していない」という問題があります。

そもそも、男と女が出会い、夫と妻になり、そして父親と母親になったわけです。

母性の役割が「子どもを無条件に愛して受け入れること」だとすると、よく言われる父性の役割は三つあります。ただし、母性の役割を必ずしも母親が、父性の役割を必ずしも父親がやらなくてもよいということを、念の

ESSAY

ため付け加えておきます（ひとり親が母性・父性両方の役割を果たす場合もあるのです）。

●子どもに善悪の区別を教える
●家族を守る
●夫婦を再構築する

三つ目はどういうことかというと、「母親」となっている人を「自分の妻」「一人の女性」に引き戻すということなのです。

母親が子どもを支配してしまう背景には、この三つ目の役割を父親が果たしていないという問題がたいていあります。

四十歳近い子どものことで悩んで相談にみえたあるご夫婦に、「このへんでもう親の役割をやめて、妻と夫、男と女に戻りませんか」と言ったことがあります。そうすれば、子どもは「心配をかける子ども」をやっていられなくなって自立すると思いますよ、と。

けれど、それはなかなか難しいことなのです。なぜなら、そもそも基盤となる夫婦関係に問題があるのですから。相手に犠牲を強いていたり、コミュニケーションが成立していなかったりするのです。

そうした問題から目をそむけて、子どもの問題をなんとかしようとしても、たいていはうまくいきません。男と女に戻ることができず、親としてだけつながって、永遠に子育てをしている人たちがいるのです。子どもはずっと「困った子ども」のままです。

父と母から夫と妻へ、そしてひとりの男と女へ……原点に戻ることが大事だと思います。

親としての役割はどこかで終わりにしないと、子どもは自立できないのです。

逆に子どもの立場に立って言うなら、「アンチ父親」の奮闘から、父親を一人の男として水平な視線で眺めてみる……それが、「父を越える」ことでもあるのかもしれません。

○

私たちは、さまざまな「役割」をまとって生きています。

職業という役割には、いずれ定年という形で終わりの時がきます。

配偶者と死別・離別すれば、夫・妻という役割もなくなります。

親が亡くなれば、子どもとしての役割が消えます。

結局私たちにとって最後に残るのは、男として、女として、いや人間として、どう人生をまっとうするのか、ラストシーンをどう設計するのか、ということです。

私自身も、そんなことを思う年齢になったということでしょうか。

男というものは……

無駄口を叩かず、感情を表に出さず、家族の長として、勤勉でなければならない。私はこの思いこみにより、他人とのコミュニケーションがうまくとれずに、考え方・生き方が自己中心的になり、自分の表現がうまくできずに、よりアルコールに依存していった気がする。

（63歳・男性）

6章

ちょっと言わせて！

私たちの意見

子育て・嫁の立場・男のおしゃれ・理想のパートナー・両親の姿など……アンケートから「厳選」した男女六人の注目オピニオン。

オトコの子の育て方!

びびんばぶう

私には男の兄弟がいない。だから息子を育てるにあたって、ヒエーッと思うことが何度もあった。あらゆることが、新鮮であり戸惑いだった。

その最たるエピソード。

息子が保育園のころ、夜、何かの拍子に息子の睾丸が上がって、体内に入ってしまった。

「どうしよう！　タマタマがなくなっちゃった！」と泣き叫ぶ息子に、私はオロオロ。

夫は落ち着いて「大丈夫、ぴょんぴょん跳んでみな」。

息子は一生けんめい跳んで、「おとうさん、一個出た」

「よし、もっとぴょんぴょんだ」

……男同士っていいなあと思い、夫の存在が心強かった。

一年生になると、ちょっぴり弱気な息子は、学童保育で大柄な上級生からいじめられて、連日めそめそ帰ってくるようになった。私は口が重い息子から事情を聞きだし、気持ちを受けとめ、周囲に対処法を相談したりした。

夫は、まったく違う動きを見せた。

布団の上で毎晩息子と相撲をとり始めたのだ。

「よしっ。見合って、見合って。しっかりにらめ」「頭からぶつかって来い！」「おぅ、いい当たりだ！」「ふんばれ、そこでひくな！　押せ！」「いいぞ！　強いぞ」

男は強くなきゃダメとか、やられたらやり返せとか、そんなセリフはひとことも出なかった。

夫が息子にからだで教えていたのは、相手から侵略を受けたときに、ひかずに前に出る、ということのようだった。そして「自分はやれる」という自信のようなもの。

父親と取っ組み合っていた息子はいつしか、いじめから抜け出していた。息子のやさしさは十分光っていたので、そこにちょっぴり精神的な自信が加わって、小学校三年ぐらいの頃には、女の子にも男の子にもなかなかの人気者になっていた。

夫は自分が出張などで家をあけるとき、「頼むぞ。おまえが家を守れ」と厳粛な顔をして息子に言い置いていた。私をさしおいて小学生に何を言う、と思ったが、言われた息子は誇らしげに「うん！」とうなずく。そして寝る前には、いつも父親がやっているように、いそいそと戸締りを確認しに行くのだった。

夫の息子への関わりを見ていると、男から男へと、何か大切なものを手渡しているように思う。

ふんばってひかずに自分を守ること。

外敵から家と家族を守ること。

そして、女性を大事にすること。

三番目については、夫は口下手だから調子のいいことは言えないが、日頃から私のことをけっこう大事にしてくれるので（たとえば、自転車を出しやすい場所に移しておいてくれる、荷物を持ってくれる、私が好きなアイスを買って冷凍庫に入れておいてくれる、頼んだことは必ず実行してくれる、などたいへん具体的な行動で）、その姿を息子に見せていることが大きいようだ。

かくして中学生になった息子は、なかなか頼もしい男性に育ちつつある。「へえ、男の子って、こうやってオトコになっていくのか」というプロセスを見せてもらっている感じだ。（短気なところまで、父親そっくりなのは困りものなのだが）

ちなみに母親としての私は、息子の気持ちを受けとめ、問題にぶつかったら対処法を一緒に考え、生活面の自立を促す、というこまごました役目をとってきたと思う。

○

……ふと、考えてしまった。もし、うちに娘がいたら、女から女へ、私はいったい何を伝えるのだろう、と。「たくましさ」と「しなやかさ」、そして「したたかさ」という言葉が頭に浮かんだ。それは、私が「女として」母から伝えられたものだ。

女性は社会的にまだ不利な点が多い。周囲に翻弄されずにしっかり立つには、たくましくなければいけないと教えられた。ただし、表立って争うのではなく上手に女を演じる「しなやかさ」や「したたかさ」も必要だと言われたような気がする。

そもそもオンナは生理的に、たくましく、しなやかで、したたか（瞬発力は弱くても粘り強い）に生まれついている。それを自覚して主体的に生きろ、ということである。

一方、男性は、何かに責任をもつことでオトコになっていくのではないだろうか。守り育てるものを持ってはじめて、男性は、自分の力を何にどう使えばいいのかがわかるのではないか。

そうか。オトコって、最初からオトコなのでなく、周囲がうまいことオトコに育てるもんだったのね！

長男の嫁って、大変！

ヒメイワカガミ

嫁いで間もない頃、夫の本家で祖父母などが相次いで亡くなり、毎年法要があった。料理屋で精進落としをすませた後も、全員が本家に伺い、豊富な酒と料理でもてなされた。

本家の「長男の嫁」である伯母は、嫁いだ娘を手伝わせ、そのつど、大忙しであった。

男たちは浴びるほど飲み、女たちは宴が終わるのをただ待って、伯母を手伝う者はいなかった。

外孫の嫁である私は居たたまれず、ずっと伯母を手伝いながら、長男の嫁というものは、こんな理不尽な役割を担わなければいけないのかと、気の毒でしかたなかった。でも伯母は終始にこやかであった。

他の女たちも疲れてうんざりした顔をしていたが、誰も「こういうことは終わりにしよう」とは言わないのが、私には不思議に思えた。

○

十五年前にアルコール依存症の夫の断酒が思いがけず成功し、以来、私はその世界から逃れることができた。

しかしこの夏、夫の母の他界により、忘れかけていた「長男の嫁」の役割をしなければならなくなった。

どのようにしたらいいのか……。

夫と共に十五年間学んだ教えを楯に、舅にも理解してもらい、自らは酒を勧める用意はしなかった。通夜・告別式・忌中払いを寺で済ませたあと、自宅に寄ってくださった人には、果物や菓子、お寿司程度にさせていただいた。コンビニで買うなどしてビールを飲む人もいたが、大酒を飲む人はいなかった。

周囲には、役割を果たせない嫁と思われているかもしれないが、以前と違って、自分の中に罪悪感や後ろめたさがほとんどないことがうれしい。

○

私自身がかつて女として傷ついた二つの思い出。

私たちの結婚式が終了した日に、舅からいきなり呼び捨てで名前を言われたこと。

私たちの娘が幼い頃に舅に反抗したところ、「やっぱり女はダメだ!」と言われたこと。

○

男たちの楽しみのために、女たちが使われるのは当然という考え方をする人がいない世の中になって、「男だから」「女だから」にとらわれない時代が来たら、生まれ変わってみたい気がする。

けれどそういう私自身も、まだ性差のこだわりを捨てきれず、スーパーマン的に自分を守ってくれる男性への幻想をふと抱いたりしているので、まったく平等の世界も私にとっては、居心地よくなさそうに思う。

○

私の両親は、父が母より十二歳上にもかかわらず、母に甘えているような関係だった。父はギャンブル依存の状態だったが、母のがんばりで五十歳頃には自然と「回復」した。母のおかげで幸せだったと言い残し、父は十二年前に他界した。母は現在、入院して介護を受けている身だが、本人は病院で仕事をしているつもりでいる。

父は「楽しく生きた人生」に、母は「よく働いて、家族を守る役割をやり遂げた生き方」に、それぞれ満足しているようだ。仲のよい、いい夫婦だったように思う。

私は父親が大好き、母親に感謝している。でも、母のように生きたくはないと思っている。

男でよかったこと、残念なこと

ダンディ・なお

女房には悪いが、彼女が帝王切開で出産することになったとき、内心で「我が身でなくてよかった……」とつぶやいてしまった。それでなくても両親学級に出て、妊娠・出産・育児はかくまでに大変なものかと思い知り、この点だけでも「ああ、男でよかった」とつくづく感じた次第である。

しかし、よかったと言ってのんきにしているわけにはいかない。こんな大事業を一人に全部やらせるのは、よくない。私にやれることを考えねばと思ったものの、産むわけにはいかないし、おっぱいもあげられない。オムツ替えや入浴なら私でもできるから、時間と状況が許す限り率先して取り組むことに決めた。第一、このどちらの動作も、腰に負担がかかる。同じ人が同じ体勢で毎日やっていたら、確実に腰を痛めてしまう。それで「私もできる限り」という方針を打ち出したわけである。

問題は、赤ちゃんが嫌がる場合があることだ。男の私より母親がよいのか、と感じられることもあった。

しかし別の人がやるうちに赤ちゃんも慣れていくのではと考え、やっているうちに、双方が慣れて問題は解消した。

そのうち、私でなくてはできないことも見つけた。赤ちゃんをお腹の上に腹ばいにさせ、深呼吸する。鍛えた腹筋による上下動は気持ちいいらしく、腹ばいになったまますうっと眠ってくれるのである。腹から降ろそうとすると目が覚めてしまったりして、なかなか根気がいるのだが、自分なりの技を身につけたのはうれしかった。

○

以上は、もうすぐ中学生になる息子が赤ちゃん時代の話である。

最近になって私は、「男で残念なこと」について、問題意識を深めている。

それは、おしゃれである。

私が今まで接してきた周囲の女性は、強い意志や信念を持ち、変に自分を抑えない人が多い。うちの女房をはじめとして、世間の基準から言えば「男性的」と見なされそうな女性たちであるが、どの人もみな、ちょっとしたおしゃれを楽しんでいる。

なんとなく落ちこんでいるとき、アクセサリー一つ変えただけで、気分が上向いたりするようだ。新しい服を買ったり髪型を変えたりすると、「どう？」などと言ってウキウキしている。

男である私は、新しいネクタイをしめても、そんなにウキウキできない。生きる楽しみをひとつ損した気分である。これは自分の感性に問題があるのか、それとも男性を取り巻く環境に問題があるのか……。

おしゃれな男性はどこにいるだろう、という問題意識を持って探してみると、やっと見つけた人はカフスボタンにこだわっていたりする。しかし、外から見てすぐわかるものでもない。何かちょっとしたときに誰か気づいてくれたら、という隠れたこだわりである。

仕事に出る際、朝帰りのホストクラブの人たちとすれ違うことがある。たいていは、酔ってだらしないなあと感じるのだが、中に一人二人、男から見てもスキッと決まった姿を見かける。

どこが違うのかと観察する。ネクタイかと思うとそうではなくネクタイピンにポイントがあったりする。シャツの色かなと思うとそうではなく、一見して単色のシャツに実は細かい柄が織りこまれている。これはなかなかいい。ただし、マネをしたくても、下手をするとチンドン屋になってしまいそうで怖い。

こうした点につき、よいモデルが存在しないのは、困ったことだなと感じている。

先輩たる男性諸氏は「男の沽券《こけん》」にこだわっているような暇があったら、もっとファッションをなんとかしてほしいものである。

娘の立場で見た、父の姿、母の姿

akiko

父も母も、あまり幸せそうだとは、私には思えない。

父は、努力家で地道にがんばり続けてきたのに、そのことを、自分自身で認めていなかったと思う。母の姉の旦那や、父の兄弟、父方の祖父、祖父の兄弟に比べて、名声や地位を手にすることができなかったのを、恥じていたと思う。でも私から見れば、父はがんばっていた。

母は、自分の母親から言いつけられた「女も外に出よ」という使命と、姑から求められた「子を育てよ」という使命の間で、感情を失っていった人のように、私には思える。

　私の母は、ピアノを弾き、とても愛らしい表情をした人だった（若い頃の写真を見る限り）。でも私の間近にいる母は、いつも無表情で、生気がなかった。

　私は男性に性的魅力を感じるとき、即座にアディクション（摂食障害）に移行する。そのとき意識するのが「性的存在になってはいけない」というとらわれ。これは母からの刷りこみが大きいように思う。母は私が薄化粧することも、デートをすることも好まず、汚いものを見るような目つきで見た。何より母自身の姿が「女になっても得しない」という私の思いに通じているように思う。

　母を責めたいとは思わない。むしろ、お互いのことを正直に分かち合えたらいいなあ、と願っている。それができたら、私の問題は幾分解消されるような気がする。

心の穴じゃなく、形が問題だった

宇良敏枝

「男が一番で、女は数のうちに入らない。何人いても女は役に立たない」「男が働いて収入を得るから、生活を送れる。女はあてにならない」

　私が小さい頃、母親がよく言っていました。

　私は五人きょうだいの次女です。女が二人、その下に男が三人でした。母は次男が病死したせいもあるのか、男である弟ばかりかわいがり、私や姉はひどい扱いでした。母の嘆きを受けとめながらの生活の中で、私は大人になったらこんな女には絶対になるまいと思って成長していきました。

　けれど結果はアルコール依存症でした。ただ、依存症になって断酒会の皆さんの体験談を聞くことで、男も女も同じなんだと思えるようになりました。

　私自身も子どもを三人育ててきましたが、母の苦しみは以前より理解できても、いまだに母を許すことができずにいます。

　酒のない生活を送れるようになりましたが、まだ自分の小さい頃の苦しさに向き合いきれないでいます。

「心の中にポッカリ穴があいている」という言葉を聞いたとき、その穴が埋まればふつうに楽に生きられるのかと思い、あいた穴ばかり気にしていました。どうすれば埋まるのかなどと考えていました。

　でもこのごろ気づきました。問題は心の中にあいた穴ではなく、私は一人の人間として、女性として、ちゃんとした形ができていなかったんだと。人と人との関わりの中でしか、自分自身の未熟な人格は克服できないのだとわかってきました。

私が通っているアメシスト（※）の会は今年で十年になります。仲間がいるだけで、話せる場所があるだけで、感謝の気持ちでいっぱいです。

※アメシスト＝断酒会で女性の依存症者をこう呼ぶ。アメシスト（紫水晶）は、泥酔から守ってくれる宝石としてギリシャ神話に登場する。

「僕好みの女性」は、おもしろくなかった！

和也

僕の中に、「男らしさ」「女らしさ」に対するこだわりはないし、要するにその人らしければいい、と思っているが、あえて考えてみると自分と関係する「男」のイメージは、「負けたくない！」という衝動と「俺について来い！」だと思う。

「負けたくない」の対象はおそらく両親で、二人ともスポーツが得意だった。父は駅伝の選手だし母はソフトボールで国体に出た。しかし僕は小学校高学年あたりから太ってしまい運動が苦手になった。それで勉強をがんばるようになったが、こちらでも次第に負けがこんで、最後にはアルコール依存症になった。負けを認めて再出発である。

今でも仕事や生活の中で「負けたくない！」と思うことがあるが、たいていは攻撃的になってよくない結果を招いてしまう。だからその部分をあえて抑え、「男」イメージにならないようにしている。

「俺について来い！」のモデルも父親だが、自分にあんまり合っていないかなぁ。無理は禁物！

じゃあ「女らしさ」のイメージはどうなんだろうと考えると、かなり微妙だ。僕の中では、「着物を着ておしとやかでおとなしくて、静かで素直で男の言うことをきく」ような人を理想としていた。母親のように元気でぎゃあぎゃあうるさい人は苦手だ！　と思っていた。

ところが、僕好みの「静かなタイプの女性」と一緒にいると、なぜかおもしろくない。結局、結婚した女性は、やたら元気がいい。苦手だったはずの、僕の母親と似ている。そしてなかなか快適なのである。

考えてみれば、自分は年々親父に似ていっているような気もする。

親父はいつも仕事が忙しく、転勤が多かった。僕は転校ばかりしていたので、結婚したら「一ヵ所に落ち着いて子育てを」と決めていた。

それはその通りにしたけれど、実は最近、仕事や何やらで子どもたちとのつきあいがおろそかになっている。まずい！　これじゃあ親父と同じだ！

自分でいられる時間

7章

三人の手記

もう戦わなくていい。別の自分を装わなくていい。無理し続けなくていい。なぜなら……。重荷から解き放たれて居場所を見つけた三人の物語。

小夏日和――「男は嫌い」をやめたとき

アメシストA

■男は嫌い。男なんかに負けるものか。怒りを押し隠して戦っていた私は、自分のことを「人を愛することができない冷たい人間」だと思っていた。
■でも本当は、違ったのかもしれない。がむしゃらに勝とうとする気持ちが萎えたとき、私は「ここに居るだけでいい」という感覚に出会い、やわらかな気持ちになれた。

セラピー猫

私が勤めている、依存症の女性のための通所作業所には、猫も一匹通所している。メスの茶トラ雑種。彼女からの申告がないので、年齢は分からない。昨年の暮れにふいに現われ、それからは、毎日かかさず来る。

電気部品のコードをまとめるビニールの紐に、五円玉を通したものが首輪の代わりに巻きつけられていたので、新しい首輪と交換し、五円玉は通所費としてありがたく頂だいした。猫が五円を持ってくるのはたいしたものなので、それは、無期限通所費ということにした。

その猫を「小夏」と名づけた。どこかでは、別の名前がついているかもしれないが、ここではその名前で呼んでいる。「小夏」は、ここに来る人が泣いていると、その傍に行き、じっと寄り添う不思議な猫だ。宿泊する人が不安だったり、悲しかったりすると、その枕元で寝る。そうして、その人が落ち着いた頃出て行く。

「セラピー猫だね。」

と皆は言う。私も時間がある時は、べたべたと可愛がる。

「こんなふうに皆さんのお世話をしてしまったら、皆さんの力を奪うことになるから、できない。そのフラストレーションを小夏で埋めているの」

と宣言して。

寝姿を見たり、餌を食べているところを見つめたり、そうやっていると、居るだけでいいという感覚はこういうものなのかと思ってしまう。

こんなふうに、やわらかな気持ちになれるのはいいものだ。

今日はいい小夏日和だ。

女だからと思って！

若い頃の私は、怒りを押し隠してよく働く人間だった。

頼まれたことは急いで処理した。頼まれないことも先回りをしてこなし、それでも充足感を得ることができない。目の前にある仕事は、取り払わないといらいらする。一年先の予定であっても、私を感覚的に追い詰めていた。だから、ゆったりとはできない。けれどもそれをポーカーフェイスで押し隠す。おっとりとした、気配りのある責任感のある人。私は、当時そのような評価を上司からもらっていた。

いろいろな職業に就いたが、ほとんどが男性の多い職場だった。そういう職場の女性は、補助的な仕事が多く、コピーをとったり、お使いをしたりする。私はそれで満足できなかった。徐々に専門的なことに手を出し、重宝がられた。

設計事務所では図面を描き、ヘルメットをかぶって現場に出た。電気製品の修理部門では、半田ごてを握った。職場では、どんどん仕事を覚えるのを面白がられて、技術的な内容まで教えてくれることも多かった。けれども一歩外へ出ると、女性を半人前と考えている人は多いと感じた。

役所に、書類の申請に行った時、解釈がどうの、言い回しがどうのと妙にねちっこくいじめる担当者に当たったことがあった。私を、何も知らないお使いだと思っていたのかもしれない。私はむきになって応戦した。覚えている知識をフル活用し、ようやく確認印をもらった。女だからと思ってと、ふつふつとした怒りが出て、男になんか負けるものかとむきになっていた。

尊大な態度。人を見下すような言葉。宴会の席では、だらしなく寄ってくる姿……男は嫌いだ。特に中年と名のつく男は大嫌いだ。帰り道、何度も何度も反芻する。男は嫌いだと。そういうことを、繰り返していたような気がする。

必要とされているから結婚した

そういう私を、少し変だとは思っていた。どうして私は男性に嫌悪感を覚えるのだろう。人並みに恋もするし、いい人にもたくさん会えている。知り合った男性たちは、気配りもあり暖かな人が多かった。

けれど嫌い。同じ生き物とは思えない。その底には、怒りがあるのだということなど、考えたことはなかった。

袖すりあう男が嫌だ。一瞬固まり、身構え観察する私。男性とは、知人になってから、慣れるのには三ヵ月はかかっていたと思う。

人を心から愛することができない私は、冷たい人間だ。だから、一生結婚はしない。その頃は、そう決めていた。

結婚したのは、三十歳を過ぎてからだった。夫のことは好きだったのかもしれないが、私はその気持ちを認めなかった。

夫に必要とされているから。それが一緒になる理由だった。

一人暮らしの時だったら、他人に気配りをし、一人前の仕事をしようと戦っていても、家に帰れば一人きりの空間で休むことができた。けれども結婚して、夫の家族も同居となると、私の休める私だけの空間はない。

夫は共に仕事をする私に対して「もっとできるはず」と叱咤激励しながら、その反面「俺の言うことだけ聞け」という人だった。私は、自分自身の力を失い、夫の意思で動く人間になっていった。

苦しかった。息が詰まりそうで、眠れない。お酒は、実にあっけなく眠りの世界に私を誘ってくれる。寝る前の台所での一気飲み。ブレーキは徐々に壊れていった。

私が見捨てた？

私が夫を愛しているとは認めず、愛されていることも認めなかったのはなぜだったのだろうか。

愛されていると感じたら、それを失うのが怖くて一緒に生きていくことはできない。結婚当時の私はそんな風だったのだろうと思う。

お酒にコントロールされ、周りを巻込み、絶望の底で治療に結びついた。

やっと這い上がり、私自身の回復のために時間をかけていたある日、忘れていた記憶が突然よみがえってきた。

古ぼけた和室。箪笥があって、裸電球が薄暗い。窓際に寄りかかって、私と母が並んでいる。母は白い便箋を持っている。

「お寺に行くか？　毎日目玉焼きが食べられるよ」

「行く」

確かに私は答えた。

明るいナショナル、明るいナショナル……ラジオがコマーシャルソングを流していた。

私は五歳で寺の養女になり、実の両親との交流を再開したのは十九歳の時だった。十九歳の私に両親は、繰り返し話した。私自身が養女に行くと決めたこと、一度も戻りたいとは言わなかったことなどを。一ヵ月後に弟も連れて寺を訪ねたとき、「一緒に帰ろう」と私の手を引っ張る弟に、私は後でと言って動かなかったのだと。

その時から私は、思いこんでいた。自分は親きょうだいを捨てた冷たい人間だと。人を愛することができないのだと。

ところが本当は違う。私は、父に「やっぱり帰る」と言ったのだ。

お寺に連れて行かれた日の夜、私は父の背中で、何度も小さな声で訴えた。

「やっぱり帰る」

父は、赤い顔をしていた。お酒でも飲んでいたのだろう。寒い日で、囲炉裏があって、炭も赤く光っていた。

「明日」

父はそういった。

でも、朝、目が覚めた時、隣に寝ていたはずの父はいなかった。

幼い子どもが、人生を変えるような決断をするはずがない。十九歳の時の父と母のメッセージは、自分たちの自責を消すためのものだったのだ。

男は身勝手な生き物

私の心の奥底には、あの時に父に見捨てられたという感覚が残っていたに違いない。

そう思いあたったら、次々と忘れていた記憶が出てきた。

養父は、私を養女にすることを一番望んだ人だった。その頃寺には、やはり養子の十四歳違いの兄がいた。大学生になっていた。養母は兄を大事にしていて、女の子は嫌いという人だった。

養父だけが私を望んでいる。そう思っていたのに、突然、私が十一歳の時に、養父は死んでしまう。癌が肝臓で増殖して、入院した時には手がつけられない状態になっており、一ヵ月で死んだ。私はその状況を受けとめられなかった。

自分の思いで、私を親から引き離し、そのくせ勝手に見捨てて死んだ人。養父のことをそう感じた。

そして兄のことだ。

兄は、爽やかな青年だった。東京の大学に行き、爽やかに夏休みに帰ってくる人だった。

養父の死後、兄はA県の北にあるT町の高校に赴任することになった。私と、養母、気位の高い祖母は、兄の赴任先の土地に一緒に行くことになった。

小学校の卒業式の数日後、それは決まったらしく、私はT町の中学校に入学することになった。私は何も事情を聞かされなかった。いきなりのことで中学校の入学式にも間に合わず、自分がこれからどうなるのかわからない、宙ぶらりんの何日かを送らなければならなかった。

大人のことに子どもは口をはさんではいけない。子どもは要求してはいけない。それが、たった一人の「子ども」である私に対する家のルールだった。

新しい町で兄と一緒に一週間過ごしてから、週末にはいったん帰ることになっていた。一家の本格的な引越しのためである。週末に戻ったら、小学校の友だちにもきちんとお別れをして、見送ってもらえるはずだった。

土曜の授業を終わらせてから駅に来るように、兄は私に言った。授業が終わってから、私は、汽車の時間に間に合うように必死になって駅に走った。けれども、初めて行った町での中学生活は、時間配分もわからず、学校から駅に行くのも初めてだった。それまで住んでいたK町は信号すらない田舎だったが、T町は私にとって都会だった。

駅への道を必死に走る私の姿が見える。着いた時には列車は出ていて、兄の姿もなかった。私は昼食のパン代しかもらっていなかったから、次の列車に乗ることもできなかった。

私は、兄にも見捨てられた。そう感じたのだろう。兄は婚約者と別れたばかりで、その町で無口になり、私は兄から無視されたり、時にはわけの分からない怒りをぶつけられていたから、なおのことだった。兄の事情などわからなかった私にとって、毎日が悲しくて寂しい日だった。

空白のピースが埋まった。

私の男性に対する怒りは、きっと父、養父、兄という三人との関係から来ているのだ。そうして、私は学習したのだ。男は私を見捨てる身勝手な生き物と。

私はドンキホーテ？

自助グループに行き、仲間の話に耳を傾けるようになると、そこにはもちろん男性もたくさんいた。不思議と「嫌い」という感覚はわかなかった。とつとつと自分の思いを語っている姿があった。感じて、考えて、絶望して、希望を持って。この人たちは私と同じ感覚を持っていると思った。むしろ、女性の仲間たちよりも男性のほうが痛々しく思われることさえあった。

私は、父、養父、兄に対して怒り、求めはしたが、さっさと諦めに似た感情で、おしまいにした。けれども、仲間の男性たちは、いつまでたっても諦められずに皆が口をそろえて「お母さん」と言っているような気がしてならなかったのだ。

もしかしたら、他の男たちも似たようなものかもしれない。

考え方が変わり始めてから、よく観察してみると、男性の方が繊細に思えるときもある。弱気でもある。それを隠そうとして、大きく見せようと尊大さで覆っているのかもしれない。蚤の心臓を。

今の私は、きちんと自分の足で立つことができるし、歩いていけるようになった。誰かに守ってほしい、受け入れてほしいと思わなくても、自分で自分を守り、自分を受け入れることができる。

男に負けたくない、という今までの戦いは、風車に向かうドンキホーテのような気がしてきた。がむしゃらに勝とうという気持ちが萎えていった。

夫との関係性も変わってきた。夫は、私の父親ではない。私を何もかも受け入れる必要はないはずだ。おまけに、私の父親像は、私が作り上げた、完璧守護神みたいなものだから、望む方が間違っている。

私を見捨てた（と思っていた）父や養父や兄への恨みを、今ここにいる男性たちを相手に晴らすことなど、できるわけがない。

ようやく私はマイペースで行動するようになり、夫は趣味に生きがいを見出している。必要なことは話をし、決めたことは報告する。

どうしたらいいのかは、夫には、めったに聞かない。「何でもできたはずだ」と言われたら、私は人間だから、限界がありますと答える。

それでも相変わらず、車を運転していて、男性から割り込まれたりクラクションを鳴らされたりするとムカッと怒りが出る。そのあとで、なかなか癖は抜けないものだと苦笑いをする。

予定が少ない朝、出勤の途上で、今日は小夏日和になるなぁと嬉しくなる。猫を眺めていよう。喉をなでよう。足に擦り寄ってきたら、抱き上げて首を掻いてやろう。目を細め、のどをならしてうっとりする猫。

私もそんなふうに、居るだけでいい。認められ評価されなくても、ここにいていいと保証してもらわなくても、存在を許されている。ああ、よかったなあとしみじみする日。それが私の小夏日和。

「結婚は」「恋人は」と聞かれて……

孝

■ゲイである私は、小学校の頃からずっと「周囲に違和感を感じさせない行動」を心がけてきた。どうやったら「男風」に見えるだろうかと。社会の中で生きていく道を見失ってからは、消えてしまいたいという思いに駆られていた。
■その衝動が完全になくなったわけではないが、今では、手放すのが惜しいものが私の生活の中にある。

嘘を重ねる苦しさ

私は今月、八年ぶりに仕事を始めました。先日、職場で歓迎会を開いてくれました。

「ええっ、飲めないって?」

「まさかアル中ってわけじゃなし、乾杯ぐらい、大丈夫だろ」

いいえ、本当に飲めないんです、ほんの一滴でもダメなんです。……そうやってどうにかやりすごしていると、今度は次々と質問攻めにあいました。

「三十五歳だって? そろそろ結婚とか考えないの?」

「彼女ぐらいいるでしょ」

私は、本当の自分を隠し、嘘を重ねることに痛みを覚えながら、ふつうにふるまうよう努力しました。

無事に帰宅し、一人になると、腹立ちが襲ってきました。なぜ世間の人々は、みんなが同じように生きて、同じ生活をすることを求めるのだろう。自分たちとは違うところもある人の存在を見ようともせず、理解しようとしないのだろう。

腹立ちは、一晩でおさまりました。というより、自分の側の問題として、おさまりをつけたのです。

それがやっとできるようになったと感じたから、私は外の社会に出ることにしたのでした。怒りや傷つきでしんどくなったら、再び酒を飲んで自分を破壊しかねません。処方薬をためこんでは死のうとしていた、あの頃の自分に戻ってしまいます。

私は、アルコール依存症者であり、そ

してゲイ（同性愛者）です。

本当の自分を出せない苦しさは、今も多少ひきずっています。かつての職場で感じていた周囲への怒り、嘘をついて生きるしかないやるせなさが、ふと、よみがえりそうになることもあります。

ふつうに見える努力

小学校三年の時にはすでに、ほんのりと憧れる男の子がいました。

小学校五年の時には、自分が周囲とは違うことをとことん自覚していたと思います。どことなく女っぽく、女の子とばかり遊んでいたので、「オカマ」と呼ばれたりしました。開き直って「そうだよ」と言うことなどできず、周囲と違う自分を隠そうとしました。

男の友だちはみな、自分のことを「オレ」と呼んでいました。私も同じように男っぽくしようと努力し、僕というのをやめてオレと言う練習をしました。

一応説明しておけば、私は男性が好きですが、女性になりたいわけではありません。むしろ、男っぽい雰囲気に憧れていました。

高校の時にはゲイとして肉体関係も持つようになり、自分の中では矛盾はありませんでしたが、社会と向き合わねばならない場面に立たされるたび、世間の基準から見た、私という人間のバランスの悪さに、困惑することになりました。

高校の友人と喫茶店に入って、本当はパフェを食べたくても、無理をしてコーヒーを注文します。そのほうが、ふつうなのではないかと考えたからです。

「ふつうの人から見て、自分は大丈夫だろうか」というのが、常に頭にありました。どういう表情をして、どういうふうにしゃべり、どんな食べ方をすればふつうなのだろう。今の自分は男風の行動をしているだろうか……。

こうやって常に「ふつうかどうか」をチェックしているために、相手と会話した内容などはほとんど記憶に残っていないのでした。

高校時代から、自分はどうやって生きていけばいいのかと考えていました。

世間並みの就職では、結婚しない男性はふつうでない存在として排除されるように思えました。資格をとり、誰にも干渉されないだけの実力を手にして社会の中で生きていくしか手段はない。

かつ、それは一日でも早く、同年代が大学を卒業すると同時に、私はしっかりした資格を手にして社会に踏み出さねばならない、それだけが自分が生きのびる道なのだと、固く思いこんだのでした。

ようやく仲間と思えた

大学と資格学校との両立があまりに困難に感じたとき、私の手には酒がありました。深まる飲酒問題の中で、予定したコースを変更しなければならなくなったとき、すでに私は絶望していました。

それでも、日常がたちゆかなくなった状態を元に戻すため、必死で酒を切り、振戦せん妄を体験しながらも、どうにか自分を立て直して就職しました。

それからは人並み以上に仕事をしました。日々のストレスの中で、再び飲酒がひどくなり、最終的に親が私を治療の場に引きずっていったときは、途中で逃げ出して死のうとしました。私は治療者にも他の患者にも、心を開くことはありませんでした。

退院して二年間の通院の間、一度として自分の気持ちを言ったことはありません。「どうですか」「大丈夫です」だけで終わる診察を重ねながら、消えてしまいたい衝動を抑えられず、大量服薬の末に再び病院に運びこまれたり、飲酒してどうにもならなくなったりしました。

私のそれまでの人間関係は、嘘を重ねるか、なるべく関わりを持たないようにするか、そのどちらかしかなかったのです。他のやり方はわかりませんでした。

主治医の強い勧めで、自助グループに初めて行ってみたとき、私は急に解放された気分になりました。若い人が多かったせいか、笑い声が響いていたせいか、そこでやっと、自分と同じ仲間がいると思えたのです。さらに、二度目に参加したグループでゲイの仲間に出会えたことは、幸運としか言いようがありません。

私は、自分の気持ちを話せる場所をようやく見つけることができました。

生きていく

今でも、年配の方が多いミーティングでは、違和感を生じさせるような言動をしないよう、気をつけています。

けれど生活の中にほんの少しでも、自然体でいられる時間ができたことは、どれだけ大きいかわかりません。今年になって、セクシャル・マイノリティ（性的な少数派）のためのミーティングも地域で始まりました。

悲しいこともありました。

私が相談に乗ったこともある依存症の仲間が、命を断ったのです。ゲイリブ（同性愛者の権利を認めてもらうための運動）に身を投じていた人でした。

私は、戦おうとは思いません。

社会に向かって自分を理解してくれと要求するつもりはないし、ふつうの人と同じように扱ってほしいと言う資格があるのかどうか、わかりません。すべての人に平等な社会など、もともとありえないのです。

「結婚は」と聞く人も、悪意を持っているわけではなく、この年齢ではこうなるものだと、当たり前の考え方をしているだけです。私が当たり前でないのは、私の事情であり、それはしかたがないことだと思っています。

消えてしまいたいという衝動は、今でもいくらか残っていますが、手放すのは惜しいものができました。それは、仲間と過ごす時間です。

たくさんのヘテロ（異性愛者）の仲間も、私を受け入れてくれるのです。人々の中で過ごすのが楽しいと、やっと感じられるようになりました。

先のことはわかりません。選択肢が一つしかないような生き方はやめました。いくら「こうなりたい」と努力しても、自分の都合どおり現実がいくとは限りません。目の前にある、今やれること、やらなければならないことを、しっかりやっていくしかない。とにかく生きていこうと、思えるようになりました。

もう十分やった、と思えたから

T・H

■子どもの頃から、店を継ぐのは自分だと漠然と思ってきた。まだ先のことだと思っていた矢先、父が倒れた。
■十六歳で店を継いだ。プレッシャーと闘いながらも、次第に仕事に夢中になっていった。気づいたら、酒で体を壊し、婚期も逸していた。俺の人生は何だったんだろう……？

跡継ぎ息子

私は和食屋の次男として生まれた。十歳離れた姉と四つ違いの兄、弟がいる。

私が物心ついた時から店を手伝っていた姉は、「私は高校へ行きたかった」とよく漏らしていた。とても成績優秀だったのに、父が「女に勉強はいらない」と言って許さなかった。担任の先生が家まで来て、「進学させてあげてください」と父に頭を下げたが無駄だったという。

母には持病があり、入院しがちだったため、姉が店に出なければ家族の生活が成り立たない状況もあった。兄や私の学費も姉が出してくれた。

子どもの頃、よく父の膝の上で、寿司屋ごっこをして遊んだ。「さあ、お前は板さんだ。お父ちゃんはコレとコレを食べたい。作ってくれ」

そんなふうにして、私はネタの名前も勘定の仕方も自然に身につけた。

父はほろ酔い加減で「おまえが商売を継ぐんだぞ」と言うのだった。

私は父が好きだった。しかし父の酒がひどくなるにつれ、家族の仲はどんどん険悪になっていった。

私が中学へ上がる頃には、父の一杯の酒に明日の生活がかかる状態で、家の中はいつもピリピリして母の金切り声だけが響いていた。

店など潰れてもいいから自分はこんな家は飛び出してやると思った。

それでも姉に説得され、進学を決めた。願書を出そうとした矢先に父が脳溢血で倒れた。

父が動けなくなり、何もかもが当然のことのように決まっていった。自分から「継ぐ」と言ったのかどうかも覚えていない。何で次男の俺がやらなきゃいけないのかという気持ちは確かにあった。それでもまだ幼い弟の学費も必要だったし、とにかく自分が継がねばどうにもならない気がした。姉に「高校だけは出て」と言われ、定時制に行かせてもらうことにした。

天職を得る

定時制の四年間は本当につらかった。進学したくても断念した姉を思うとやめることはできなかったが、「店を継いでいる」という自負など持てなかった。

何よりも嫌だったのは、仕事を終え高校へ向かう時に、下校してくる制服姿の同級生とすれ違うことだ。私服の自分がみじめに思えた。やけになり、出席だけとって飲みに行くこともあった。誰かに「何だ、定時制かよ」と言われると、貧乏人、学力不足と言われているようでつらかった。定時制に通ったことは、その後も自分のコンプレックスになった。

しかしそんな中でも、やると決めたら一つのことに取り組む一生懸命さもあった。サッカー部に入り、夜の二時間の練習だけでリーグ戦に参加して、準優勝したことは自分の自慢になった。学校を居心地のいい空間にしようと提案し、校内に流す音楽を編集したり、靴置き場にある簀の子を毎日欠かさず水洗いした。卒業時、そのことを校長に誉められた。誰か一人でも、自分のことを見ていてくれたことが、たまらなくうれしかった。

卒業してからは、花開いたように仕事に対する意欲が湧き、そうなると誰よりも夢中になっていった。

長男のくせに店も継がず、親父の世話も看ず、黙々と会社へ行く兄を見返してやりたいという気持ちもあった。

このままの料理では店が伸びていかないと考え、真剣に和食割烹を覚えたいと思うようになった。

休みの日は寿司屋で修行をさせてもらいながら、無給でもいいからと結婚式場に頼み料理を作らせてもらった。

羊羹に色を流し込み、矢羽根、寿の形を作る作業は楽しかった。寿司屋では、自分の店では使えない高級魚や初めて見る珍しい魚を扱えるのが嬉しかった。当時一本十万するブリをおろしていいと言われた時はさすがに手が震えた。

煮物、佃煮もそこで覚えた。

自分の店で新しいものを出して、お客さんが食べてくれるとホッとした。

先輩板さんのポン酢の割合を知りたくて、何度も酒を飲み聞き出そうとしたこともある。ある日、何気なく「俺の板場に来いよ」と言われ、黙って作り方を見せてくれた時の嬉しさは忘れられない。あのポン酢は今も自分の宝だ。

食べ慣れた人はすぐにわかる。

「兄ちゃん、覚えてきたね！」

と言われるのが何よりもうれしかった。天職だと思った。

店も改装した。その直前に他界した母には見せてあげることができず残念だったが、私は乗りに乗った絶頂期だった。

ところが体のほうは、無理と酒がたた

っていた。

すべてを犠牲にして

　体がきつくなってきたのは、三十歳を過ぎてからである。私はそれから十年ほどの間に、肝硬変、糖尿病、大腿骨骨頭壊死と次々にアルコール疾患を患う。

　自分のしたい仕事もままならず、恋愛も自由にならず、いつしか酒が欠かせないようになっていた。

　父は痴呆の症状がひどくなり、徘徊するようになった。姉は父の世話と店の仕事で寝る間もなかった。兄の結婚、弟の結婚があり、気づけば伴侶を取っていないのは姉と私だけになっていた。

　取り残された気分だった。俺の人生は何だったんだろう……と。

「三時間でいいから寝たい」と言う姉を横目に私は酒を飲んでいた。

　兄が手を貸さないことも嫁を手伝いにこさせないことも、弟が好き勝手に生きていることも許せなかった。次第に恨みが深くなっていった。

　一人できりきりしている姉にうんざりした。家の中はぐちゃぐちゃで、今さら誰も嫁になど来てくれないと父を恨んだ。自分の十代や青春を犠牲にして、恋愛も後に回し店を守りここまでにしてきたのに、結局、姉と同じかと思うとやりきれなかった。ひたすら家のために尽くし、家に食いつぶされた気がして……。

　店の先行きも不安だった。恨みと焦りに体のつらさが絡み合い、ますます酒をあおった。それでも店を休むことだけはできなかった。

ここから離れたい

　四十三歳でＡＡにつながり、酒は止まったものの体はしんどかった。

　それでも自分の代で店を潰すことはできない、家族を捨てるなど男として許せない、それでは裏切り者の兄弟と同じではないか、男のくせにと自分を叱咤激励した。

　こんなに苦しいなら飲んだほうがマシだと思いながらも、飲むことも店をやめることもできず、とにかく息苦しくてたまらなかった。

　二年経ち、店を離れる気持ちになれたのは、あるケースワーカーの「あなたはもう十分やったのかもしれないね」という一言があったからである。

　その言葉を聞いた時、涙がぽたりと落ちた。

　誰かがそう言ってくれるのを待っていたのかもしれない。十五の時から周囲のプレッシャーを感じ、男なら、家長なら、やらねばならぬと思ってきたことの重さ……。そのつらさを、誰かにわかってもらいたかった。

　たった一人でも自分をわかってくれる人がいた。それだけで、自分はもう十分やったと思えた。私は手を離したかったのである。

　一緒に店をやってきた姉に伝えるのは勇気がいった。しかし姉は姉でものごとを決断することができるし、長い目でみれば互いが楽になれる唯一の方法だと自分に言い聞かせた。

「俺としてはもう十分やったつもりだ。

不安はあるだろうが、自分はここから離れたい」と告げると「ここまでやってきて、酒もやめたのに今さらなんでやめられるのか。座っているだけでいい」と泣いて懇願された。身を切る思いで家を後にし、仲間のところに転がり込んだ。

解放されて

今から考えると、あの時、私が四十三歳にして初めて手にしたものは、自分のためだけに考える時間だったと思う。

姉に対し、最後にきつい言葉を投げてしまったことを思うと今も胸は痛む。家のため、家族のため、男として、家長として……。私は、時にはそうしたものを「捨ててもいい」ということを知らなかったのだと思う。そこから離れてみて初めて、それまでの生活がいかに異常であったかわかるようになった。

家を出ていちばん驚いたのは、部屋に空気があることだった。酸欠状態でパクパクしている金魚の姿……まさにあれと同じ状態で生きてきたのである。兄弟が家から逃げたことをずっと恨んできたが、あれは健康な判断だったと気づいた時、クスっと笑いが出た。自分はまさに病気だったのだ。

仕事をやめしばらくは、「自分はここまでだった」としか思えずつらかった。体のこともあり、生活保護の受給を決めた時は涙が出た。「飲んだくれて体を壊し、何が生活保護だ、男のくせに」と。

AAの中で気づきをもらい、「これで終わったわけではない」と思えるようになっても、残された時間をどう生きたらいいのかわからず、自分は何のために生まれてきたのかと問い続けた。

自分の負の財産に押しつぶされそうだった。苦しかった。仲間に会いたかった。いろいろな場所へメッセージ（※）に出かけるようになった。

実は家を出た翌年、私は転がり込んだ先の仲間の女性と結婚した。今年で六年目になる。両親の不仲を見てきた自分が結婚するとは思ってもみなかった。

母は、好きで一緒になった父のことをひどく嫌っていた。そのことに傷ついてきた私は、男女の関係そのものに強い不信感を持っていた。母や姉に「いやだ、父親にだんだん似てくる」とからかわれるのも嫌で嫌でたまらなかった。男を侮辱する女という存在を憎むようになっていたのかもしれない。母への憎しみから、女性の中に少しでも母と重なる面を見つけると、愚かとしか思えなかった。

けれども両親のような関係だけでなく、育んでいく関係もあると知った。男としての呪縛から解放されるうち、私の中で男が男でなくなったからなのか、私は女性を対等な存在だと感じられるようになった。だから、自分にできることをして妻の役に立ちたいと思う。完璧な女性などいない。完璧な男もいないのだ。

姉は今も私とは顔を合わせてくれない。弟が間にたって連絡係をしてくれている。関係の修復は焦っていない。盆暮れには「元気です」とハガキを書いて近況を報告している。

まだまだうまく生きていく自信はないが、だからこそ「ゆっくりやろう」。それが今の私である。

※メッセージ＝AAメンバーが、さまざまな場所に出向くなどして、自分の体験と回復への希望を伝える活動。

押しつけられた女像が……

あまりにバラバラすぎて、私自身の今を統合することが難しい。父からは「女は社会進出をしても、まず第一に家庭、子育てが大事だ」と言われた。母からは「男がいなくても食べていけるだけの度量を身につけろ。性的魅力は汚らわしい」と言われた。周囲からは「肌を整えろ。美しくあれ。女は男を越えるな！」あるいは「女も男を越えろ！」などなど。今も両親や社会から求められた女像と、自分らしさとの葛藤の日々です。

（25歳・女性）

8章

「完全な男」「完全な女」は少数派！

——科学者が語る男女のグラデーション

薬学博士　生田　哲

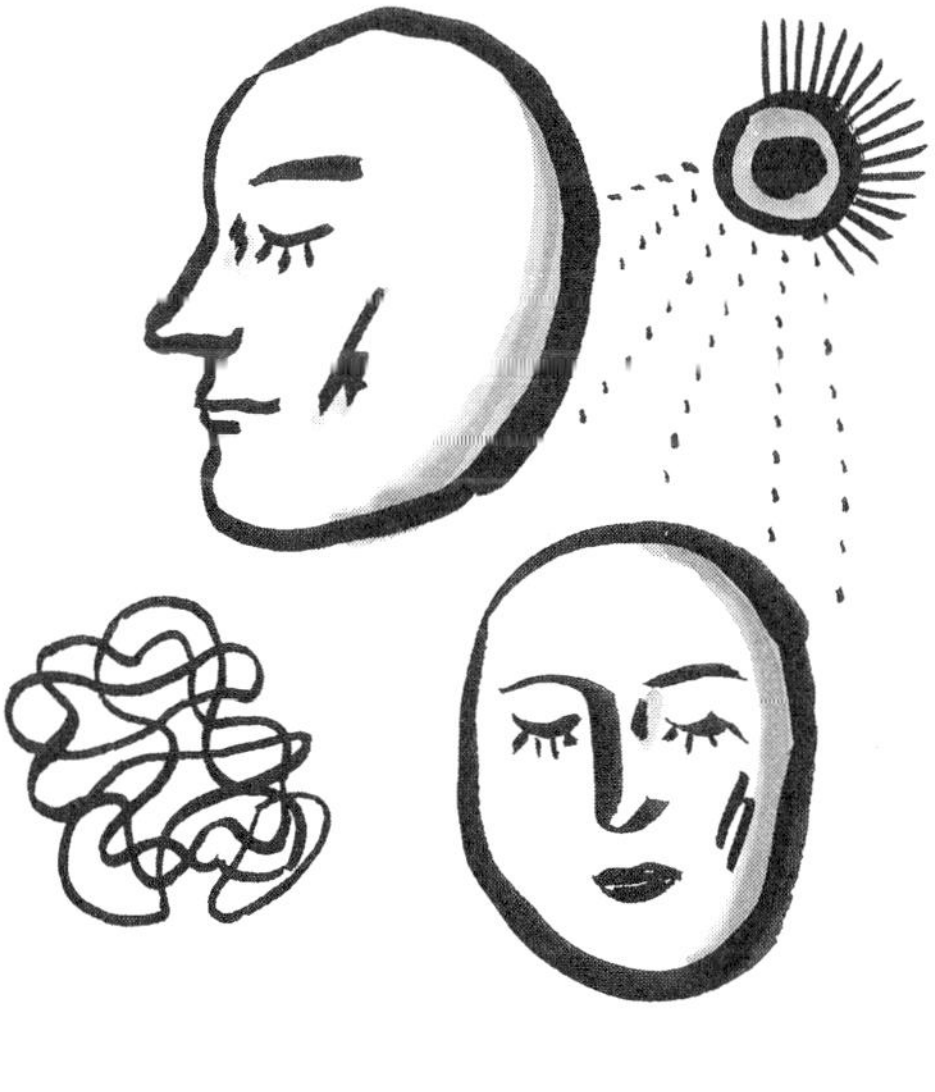

生田哲《いくた・さとし》 PROFILE

薬学博士。東京薬大大学院修了後、ＵＣＬＡなどでの研究を経てイリノイ工科大学助教授に。専門は遺伝子の構造をもとにした薬のデザイン。帰国後は、脳・遺伝子・栄養素などさまざまなテーマで著作活動を行なっている。著書に『知らないと危ない！　サプリメントの利用法と落とし穴』（講談社）、『脳がめざめる食事』（文藝春秋）、『女と男のからだ学』（東京書籍）、『心の病は食事で治す』（ＰＨＰ）、『心臓病・糖尿病・がんの原因は慢性炎症だった！』（日本実業出版社）他多数。

男性の脳と女性の脳、性能は違うのか？

——数年前に「男脳」「女脳」というのが流行りました。「男脳・女脳チェック」とか、ずいぶん出回りましたが、男性の脳と女性の脳って、違うんですか？

違いはいくつか見つかっています。

まず最初に言われたのは「重さや大きさの違い」です。

新生児では男児の脳は約三三〇グラムに対して女児は約二八三グラムです。脳が爆発的に成長して誕生時の三倍にもなる二歳時点でも、男児は約九四一グラムで女児よりちょうど一〇〇グラムほど重い。成人で比べてみても、男性は約一三四〇グラムで、やっぱり一〇〇グラム重い。体積も、男性のほうが大きいんですね。

こういうことを一生けんめい調べた科学者は、「男性は女性より優秀だ」と証明したかったんですよ（笑）。

——で、どうなりましたか。

少し冷静になって考えればわかりますが、重くて大きいから性能がいいとは限らない。

フォンノイマンの初期のコンピュータなんて、高さは人間の背丈以上、奥行きも〇・七五メートルで、それはもう大きかったけれど、今のノートパソコンの方がよほど優秀ですからね（笑）。

結論から言えば、知能指数を調べたって、男女の差は出てこないんです。

そこで次に問題になったのは「機能の違い」です。カリフォルニア大学のハイアーという学者が、男女の学生に数学の問題を解いてもらって、脳の活動の状態を調べたんですね。

すると成績優秀な男子学生では、大脳新皮質の中でも側頭葉（頭の横の部分）と前頭葉（額の部分）とが特に活発に動いていました。しかし成績優秀な女子学生は、特定の部位が盛んに活動しているということはなくて、後頭葉（頭の後ろ側）も含めていわば新皮質全体を使っていたのです。

「部品の違い」も明らかになっています。典型的なのは左右の脳をつなぐ脳梁と前交連の違いです。女性のほうがやや大きいんですよ。つまり女性のほうが右脳と左脳の連絡通路が太いというわけです。

右脳は空間・視覚イメージ・音楽を担当し、左脳は言語・数学・論理を担当しています。左右の脳は、脳梁と前交連を通じて交流し、情報交換を繰り返しているのです。たとえば、耳から入った他人の声は、左右の側頭葉を往復しながら言葉として理解されます。

脳卒中で左の側頭葉が傷つくと、聴覚や発声には障害がないのに、言葉が使えなくなります。けれど女性の場合は、リハビリで失語症から回復しやすいんです。男性の言語機能は左脳への依存度が高いですが、女性は脳梁を経由して右脳も利用しているからです。

男女のキャラクターの違いは脳からくる？

――よく言われることですが、女性は電話でおしゃべりしながら掃除をしたり、料理の下ごしらえをしたりできるけれど、男性は目の前のひとつのことに集中できないとイライラすると。……このへんも脳のしくみに関係しているんでしょうか。

そう思います。

視覚、聴覚などから同時に入ってくる多くの情報をまとめて処理するのは、女性のほうが得意です。

もうひとつ、女性の脳の特徴と思われるのは、情緒に関する情報処理が細やかということがあります。前交連は、感情を司る大脳辺縁系の一部を含んでいますから、この部分が大きいとすると、入ってきた情報を情緒的に処理する能力が高いことになります。

ただし情報があふれると、いわば「感情的」になりやすい面もあるかもしれません。

――そうした違いから、女性的なキャラクターとか、男性的なキャラクターが生まれてくるわけですか。

一般的に、女性の脳は調和的で、男性の脳は攻撃的、と言われますね。

ただし、脳の機能のうちで現在までにわかっていることというのは、まだごく一部分なんですよ。そして「男の脳」「女の脳」という以前に、個人差がかなり大きいはずなんです。男だからこういう脳、女だからこういう脳と、決まっているわけではない。

お母さんのお腹で男性に変身!?

というのも、人間の基本形というのは女性です。

男性というのは、お母さんのお腹の中で、非常に複雑なプロセスを積み重ねて「変身」していくことで、できあがるんですよ。そこには、いくつもの遺伝子、遺伝子の指令でつくられるたんぱく質、ホルモンの働き、そのホルモンを受けとる受容体……いろいろ関わってきます。しかしホルモンの量一つとっても、環境によってかなりの違いが出てくるわけです。

——女性が基本で男性に変身? そこのところ、くわしく教えてください。

受精卵があって、性染色体が「XX」なら女性になるし、「XY」なら男性になる、というのは聞いたことがあるでしょう。ところが、染色体だけで男女ができてくるわけではないのです。

受精から五週目までは、男女とも外見上の区別はつきません。体の性差はないのです。

ミュラー管とウォルフ管というのがあって、そのあと何も起こらないままで成長が続けば、ミュラー管は女性器になり、ウォルフ管は退化して消えます。つまり女性の体ができ、そして女性の脳ができる。

男性への変身が起こるには、受精六週間目から、大忙しの作業が開始されます。それはこんなぐあいです。

まずY染色体に乗っている「スライ遺伝子」が働いて、これが未発見のある遺伝子のスイッチを入れる。するとその遺伝子の指令で、特定のたんぱく質が作られる。そのたんぱく質が、精巣を発達させる。

精巣ができると「テストステロン」（いわゆる男性ホルモン）と、「抗ミュラー管ホルモン」が放出される。

テストステロンは、酵素によって「ジヒドロテストステロン」という活性型に変わる。これを受けとることができる受容体も、別の遺伝子によって準備されていて、受容体がホルモンを受けとると、ウォルフ管は男性器へと発達していく。

こうして三六週目あたりには、男性としての内性器と外性器がそろって完成です。その途中で、抗ミュラー管ホルモンによってミュラー管は退化する。これによって、女性の痕跡は消失するわけです。

また、精巣から放出されるテストステロンの量は一二週〜一八週あたりがピークとなります。この時期はちょうど、脳が大きく成長する時期なのです。テストステロンのシャワーを浴びて、脳も男性型に変身するということですね。

――なにか、とても面倒なプロセスなんですね……。

そうなんですよ。

しかしホルモンの働きというのは微妙でしてね、想定どおりの時期と量で「完ぺきに」いくことはめずらしいのです。ホルモンをつくるためのいくつもの酵素、その酵素をつくる指令を出す遺伝子、ホルモンを受けとる受容体、いずれかにちょっとした事情が加わることで、男性への「変身の度合い」は変わってきます。

脳の「味つけ」は状況によって微妙に変わる

基本形である女性の場合にも、テストステロンの影響をしばしば受けます。というのも、母体が少量ながら分泌するからです。母体のおかれた環境やストレス、栄養状態などによってこのホルモンが多くなる場合があり、すると胎児の脳に男性の味つけが加わります。

ヒト脳とテストステロンの関係についてはまだ仮説段階ですが、動物実験では確かめられています。

妊娠中のサルに活性型のテストステロンを投与すると、生まれた子どもがメスでも、オスと同じような攻撃的な遊びをするのです。

もちろん人間ではこんな実験はできませんが、ホルモンの過不足は、たぶん頻繁に起きています。

ですから、完全なる女性、完全なる男性というのは、人間の場合でもかなり少数派のはずです。むしろ多くの女性はある程度男性化していて、多くの男性もある程度女性化している、それで自然といえば自然なんです。

ごくまれですが、スライ遺伝子の都合で、XYだけれど女性になったり、XXなのに男性になる、ということさえあります。また、性染色体がX一本だけの女性、XXY三本の染色体を持つ男性もいます。数えあげていくと、いろんなことが起きるわけです。

――心が認識する性と、体の性が一致しない「性同一性障害」が最近は注目されていますね。

性の認識が脳の中でどのように行なわれるのか、まだわかっていませんが、おそらくは感覚や感情や記憶などさまざまな情報が統合された上でのことでしょう。そこには、もともとの「男っぽい脳」「女っぽい脳」という味つけも大きくからんでいるでしょうし、育つ間の経験によって脳にどんな回路が発達していくかも、関わっていると思います。

昔は、心と体の性が食い違っているときに「心が間違っているのだ」と言われてきたけれど、最近は「体が間違っているのだ」ということになっています。どちらが「間違っている」のかどうか、それは人の思想であって、考え方次第ですね。

同性愛にしても、どちらの性にひきつけられるかということは、脳のもともとの味つけや、その後の経験で発達した回路によって決まるのでしょう。性をめぐっては、本当にさまざまなグラデーションがあるのですよ。

両極端を基準にして物事を考えなくてもいい

まれに起きる遺伝子の変異から、頻繁に起きているホルモンのちょっとした量の過不足まで含めて、どこまでを病気とみなすのか、あるいは生きていく上での困難さはどれほどか、というようなことは、社会状況によってもかなり左右されるわけですね。

たとえばドミニカ共和国のサリアン村というところでは、XYだけれど思春期まで男性への変身が起こらない子どもたちがわりに多く見られるそうです。テストステロンを活性化させる酵素が働かず、生まれたときは外見上、どう見ても女性なのです。だから女の子として育てられる。しかし十二歳ごろになるといきなり、テストステロンの効果が発揮されて男性に変わるのです。

いわば自然が行なう性転換ですね。このとき調査の対象となった二五人のうち、思春期に達していたのは一八人ですが、そのうち一七人は自分を男性としてとらえるようになり、結婚して子どもを作るなど、比較的自然に社会の中で生活できたようです。


——社会が柔軟というか……?


まあ、そのへんはよくわかりません。いろいろな条件があるでしょうが、いずれにしろ思うのは、両極端の「男らしさ」「女らしさ」を基準にして物事を考えなくてもいいということですよ。

両極端はむしろ少数派で、大部分の人は「やや女性より」「やや男性より」という程度なのですから、要するにその人らしければ、それでいいんじゃないでしょうか。

カップルになる場合は、どちらが優れているかといった変な争いをしないで、お互いを理解しあって、うまく補い合えばいいと思うし、さまざまなカップルの形があっていいんだと私は思いますけどね。

9章

三人の手記

私が望んだ「私」

〈男として〉〈女として〉経験した葛藤も喜びも、生きてきた証。苦しかった過去を受け入れ、望みを形にし、今の自分をいとおしむ三人が語る。

「もてない男」でよかった

安免 道

■まったくもてなかった。別に、不特定多数にちやほやされたかったわけではない。誰か一人でいい、こちらを向いてくれればよかったのだ。しかしその一人が、いない。
■そんなかつての自分に、今の自分が声をかけてやれるとしたら……。

彼女いない歴

彼女いない歴××年という言葉を聞いたことはあると思う。

十五年ほど前の自分は「彼女いない歴＝生きてきた年数」の怒れる男だった。なんだか情けない言い方だけど、まったくもてなかった。

彼女がほしい、というエネルギーは内にこもり、いつしかどろどろとした怒りになっていったのだ。

その頃よく言われていた、もてる男の条件とは「三高」、つまり「高身長」「高学歴」「高収入」だった。そのどれでもない自分を、自分で憐れんでいた。それどころか、もてない三条件「チビ」「デブ」「ハゲ」のうち、二つが自分の現実だった。今から考えれば、こうした諸条件はいわば世間の雰囲気であるのに、どんなときにも動かしがたい真理であるかのように、自分の中に深く打ちこまれていたのである。自己れんびんの逆らせんに入っていたのだ。

自分が好きになる女性は自分のことを好きになってはくれない、そんな思いこみにとらわれて、ずいぶん馬鹿な空想にふけったことを覚えている。たとえば、やたらにもてるマンガの主人公に怒りを感じ、その彼を空想の中でぼこぼこに殴る自分を思い浮かべるなんてこともあった。年齢差のあるカップルの話を聞くと「社会の敵」（書いていて恥ずかしいですね）とまで思ったこともある。そういう男女関係を描く人気作家に対して「ふざけるな！」と勝手に腹を立てていた。

だからといって反社会的行為に走ることまではなかった。むしろ、「暴飲暴食」をしたり、アダルトビデオにはまる自分に空しさと嫌悪感を覚えたりして、自分を痛めつける方向に走っていた。

スタートラインにつけずに

念のため言っておけば、「もてたい」というのは、不特定多数の女性にちやほやされたい、ということでは決してなかった。誰かが、自分のことを認めて受け入れてくれたら、それでよかった。

自分の価値とは、自分を好きになってくれる「彼女」ができることであるという妙な考えになっていたのだろう。

周囲にいる誰かにひかれるたび、相手に好きになってもらいたいということばかりが先行していた。その女性がケガをしたと聞けば、いきなり自宅まで花束を持って駆けつけるなど、相手にしてみればうっとうしいことをやってしまったりした。相手にとってどうだろうかと考える余裕がない。そんな「強迫的な」恋愛感情だった。

今の自分を受け入れない、自分のままでいたくないから相手に受け入れてもらうことで価値をプラスしたい……。

「今度こそ」と、やたら肩に力の入った心理で動いていたのだった。その結果、ふられるというよりは、スタートラインにつくこともできないまま、自己れんびんと共に退却する。それを半年から一年の周期で繰り返していた。

昔の自分に言いたい

ある日、彼女ができた。

それは不思議なことに、今までの妙に力が入った感情がまったくなくなっていることに気づいたときだった。なんとなく関係が近づき、会話したり手紙をやりとりするうち親しみが増した。約束して外で会うことになったときは、慣れていないのでさすがにどきどきしたが、自分の中ではどこから「恋愛」に入ったのか、よくわからない状態だった。

その人との関係は「今の自分のままでいていいんだ」と思わせてくれるものだった。

何が変わったのか、それはあまりはっきりしない。でもひとつ言えるのは、アディクションのことを知り、自助グループにも行ったりする中で、いつの間にやら「どこにもいない理想の自分」を求めなくなったせいなのかもしれない。

いま、その彼女は人生を共に歩むパートナーである。結婚ということになるまでいろいろあった。そして、結婚してからも、お互いの違いを知り、時にはイラつくこともある。

でもなぜか、かつてのようなしょうもない自己れんびんにとらわれることは、あまりなくなったと思う。

「もてない男」の自分を認め受け入れた時に、一歩踏み出せたのだと思う。

「もてない」ことがむしろよかったのかもしれない。（まあそれでも、もてたかったけれども）

昔の自分にもし、声をかけることができるなら、「肩の力を抜いて、今の自分でいいやと思えよ」と言いたい。

亡き夫のことを語る場所

佐藤正子

■夫を亡くした妻たちの集まりで、かつての夫の姿を語るうち、自分の生きてきた道のりが見えてきた。手を伸ばしても得られないものに苦しんだ長い年月、そして私が本当に望んでいたものは何かに気づいてからの日々のこと……。
■女に生まれて幸せ。今の私は、そう思うことができる。もしも生まれ変わるならば、再び女に生まれたい。

湧き出る感情を……

夫が、がんで闘病の末に亡くなって、そろそろ三年になろうとしています。断酒十五年でした。

私は今年七十歳を迎えました。

夫の死後も、断酒会の方々と交流をさせていただき、クリニックの家族会に顔を出していました。家族会には他にも伴侶を亡くされた方が幾人か参加されていて、皆さんが一年、二年、三年と一人の日々を重ねながら、亡き夫のことを語る姿が支えとなりました。

昨年六月、クリニックで合同例会が行なわれた際に、夫を亡くした妻三人が体験談を語りました。すると、大阪からお見えだった断酒会の方が感激してくださり、「願わくば僕も、亡くなったあかつきには……女房にこうやって思い出を語ってもらいたい」と言われたものです。

それに勢いを得たわけでもありませんが、クリニックにお願いをして、昨年九月から「泉の会」という新プログラムを作っていただきました。依存症の夫を亡くした妻たちの会です。湧き出る感情をすくいあげて浄化する、という意味で、泉と名づけました。

もちろん、よき思い出ばかりのはずはありません。最初は悲しみ恨みばかりが湧き出すこともあります。つらい思いをかきだして語るうちに、やがて痛みにゆがんだ顔にはほんのりと赤みがさし、表情もしぐさも着るものも、やわらかくなっていくのです。

私にとってもそうでした。素敵な彼の

姿、おろかな彼の姿、どちらも亡くなって消滅したのではなく、仲間との輪の中に今も生きています。夫のことを語るうちに、自分が生きてきた道のりも見えてきます。今の自分も見えてきます。

鎧兜《よろいかぶと》で進めない男たち

私はユーミンのラブソングが大好きです。しがみついて失うより、痛いほどのさよならをして、自分の足で歩き出す。そんな女の潔さを歌っているように思います。

私にとっては、潔さを学ぶ人生勉強の場が断酒会でした。私は断酒会で勉強させてもらうことで、夫と対等でいられなかった「かわいそうなお嫁さん」という立場から抜け出すことができました。

芦屋の断酒会は恵まれています。妻たちが多く、夫がずぼらをしている間にも妻たちはちゃんと集まってくるので、結果的には女性のほうが多数になります。

この断酒会、クリニック、そしてさまざまな研修会などで、最初に学んだのは「待つこと」でした。

皆さんそうですが、妻のほうは最初からやる気満々なのです。ようやくお酒がとまって、これからいい生活に向かって進むのだと。ところが夫はしゅうしゅうと空気が抜けたようなさまで、妻にしてみたら歯がゆくてたまりません。

この歯がゆさは、お酒で力を奪われたことだけではないようです。男というのはへんな鎧兜を身につけているものだから、ちょっと気力が足りない状態では、重くて進もうにも進めないのです。そんなもの早く脱げばいいものを。

待つしかないと心を決めて、その間にこちらはたくさんの方々から知恵を借りて、自分を立て直していきました。

私の日々はもう長いこと、輝きを失っていました。といっても、特別しいたげられたわけではありません。

掃除をして、洗濯をして、食事を作ってという、私にとって大切だった日々の積み重ねが、酔って自分だけの世界を漂い続ける夫が隣にいることで、すべて色あせてしまうのでした。私はすっかりくたびれて、しおれていました。

ようやく断酒したと思っても、お茶を手にして一日ぼうっと座っている夫は、以前と変わらぬ空っぽのままでした。その夫の背中にすがって無理な要求を続けているより、私は思いきって外に出ることにしました。

専業主婦だった私は、何時までにあれをやり、次にはこれをやり、というようにきっちりした手順で家のことを管理しようとしてきたものでした。ところが週に数時間とはいえ外へ出るとなると、そうも言っていられませんし、夫も自立することが必要だと思いました。

たとえば夫は自分の洗濯物を、少しずつ自分で片づけるようになりました。最初はしかたなしで、いい加減でしたが、やがてとてもきれいにたたむようになりました。

そのていねいな作業を見ていたら、まっすぐな青年だったかつての夫を思い出し、私はこんなところが好きだったんだなあと再発見したものです。

日々が再び、輝いてきました。

ひがみっぽい？

私は七人きょうだいの五番目です。子ども時代、歳の離れた姉に自分の考えを言うと「あんたはまだそんなこと言うんじゃない」と叱られて、何度もくやしい思いをしました。そんな私に、母はそっと声をかけてくれるのでした。
「あんたの言うことは間違っていない。ただ、お姉ちゃんにそれを言うのはまだ早すぎるから」

お母さんはちゃんとわかってくれる、今に私の出番がくるわと、気持ちを立て直したものです。

結婚してからは、そうやってフォローしてくれる人はいませんでした。

夫はちょっとひがみっぽいところがあり、私が他の人もいる前であんまり気のきいたことを言うと、バサッと返り打ちにあうのです。それをずっと続けられると、だんだん黙るようになります。

舅・姑を介護していた間は、私の中のやさしさというよりは「男気」でがんばりました。言いたいことも、もやもやした思いも切り捨てて、必要なことだからやる。やるからには誠意を持ってやる。毎日が気持ちの切り替えでした。

その年月で、夫は私に大きな借りがあるはずのところへ、こんどは依存症という病気まで上乗せしてくれました。気がつくと私は夫から、おいてきぼりでした。お酒は夫から、生きていくのに最小限度必要な活力をはぎとってしまいました。もぬけの殻になった人を前に、私は気持ちを出すことをやめました。

その後に断酒の日々の中で、初めて気づいたのです。私は夫と対等に話ができる関係がほしかったのだと。

家でたまにはケンカもできるようになった頃から、私は例会の場を借りて、夫にラブコールを送り始めました。こういう暮らしを望んでいた、それがかなわず悲しくて切なかった。私はあなたと、こういうふうに生きていきたい。こっちを向いて、話を聞いてください……。

妻たちが私にそっと言いました。
「栄一さんってすごく紳士で、私たちの話を親身になって聴いてくれるのに、正子さんに対しては違うのよね」と。

そら見なさい、ここには私の味方がいる。そう思えるのは心強いものです。

どうでもいいことは抑えて、これだけは言いたいということを、練りに練って言葉にしました。夫は少しずつ、耳を傾けてくれるようになりました。

ヨン様より素敵！

「今まで本当にありがとう」

家の中ではあらためて言いにくいお礼の言葉も、例会で夫は言ってくれるようになりました。私も帰り道で夫にお礼を返します。
「今日はどうも、たくさんの言葉をちょうだいして、ありがとうございました」と。夫は少し照れくさそうに笑います。

そうやって夫と二人で歩いた日々は、楽しいものでした。そして夫が遺してくれた断酒会の方々との平らな関係は、今も私を支えてくれます。

夫からの一番の贈り物は、同じマンシ

ヨンに住む息子一家です。息子は心から家庭を大事にし、子どもたちを愛しています。その子ども、私にとっては孫ですが、私はヨン様のファン以上に熱烈な、孫のファンなのです。社会人と高校生の素敵な孫たちを見ていると、本当に心踊る気持ちになります。

では最後に一つ、今までしたことのない話をしようと思います。

時計の音

夫が定年後に再就職した頃のことです。いわゆる天下りでたいした仕事はなく、お酒のほうにどんどん身が入って、彼はみるみる朽ちていきました。

その当時、私は不思議なきっかけで初恋の人と何十年ぶりに再会しました。その人は私の姿にびっくりしたようです。自分では、そんなにぼろぼろになっているとは思いませんでした。

何があった、とその人は聞きました。他人に夫の酒の悩みを話したのは初めてのことでした。

不動産についてのちょっとした頼みごとを引き受けたお礼として、何か贈りたいけれど何がいいだろうか、と聞かれて、「背丈ほどの時計を」と冗談まじりに答えました。しばらくして、外国製の立派な時計が届きました。十五分おきにチャイムが鳴るボンボン時計です。

その音は「がんばれ、めげるな、見守っているから」と言っているように聞こえました。

うれしいけれど、つらい音でもありました。女として私はこれでよかったのだろうかと、十五分ごとにふと考えてしまう、悲しみと切なさでした。

もちろんそれだけのことで、あとは何もありはしません。夫にその人から時計をいただいたことを話したのですが、日がな一日酔いの中にいた彼は「ああ、会社の人だね」とぼんやり相槌を打ったきり、私が結婚前に勤めていた職場のみんなが送ってくれたものと勘違いしていたようで、特に訂正もしませんでした。

断酒後に夫が相談電話を始め、それが新聞に載ったときには「ご夫婦でここまでがんばったのですね」と、その人からお祝いの電話をいただきました。

時計は阪神淡路大震災で倒れ、粉々になりました。大切なものがなくなったけれど、それでもいいや……と思っていたところ、息子が手配をしてくれて、家具屋で修理してもらうことができました。今もボーン、ボーンと鳴っています。

贈ってくれた人は、今年亡くなったと聞きました。

今の私は、時計の音に答えて、「一人になってもがんばってるわよ」と言うことができます。

女に生まれて幸せです。はるか昔に私のことを大切に思ってくれた人がいる。その人とはご縁がなかったけれど、夫と結婚して一緒にやってきて、最後はこれでよかったと感じることができた。

男は単純ですが、女は複雑……。

女性はいわば、生まれたときから女優ができるのです。いかようにでも演じることができる。

もし生まれ変わることがあるのなら、やはり女がいいと思います。

「トランス書簡」

GID(MTF)でアディクトのMから GID(FTM)でアディクトのVへ

めば

■自分は男だが本当は女である……。薬物をやめてから、そのことに気づいた。GID(Gender Identity Disorder=性同一性障害)。
■女性としての自分を受け入れていくまでの過程を、同じGIDで依存症の仲間「V」への手紙の形で綴る。
※MTF(Male to Female=自分の性を男→女に移行する人)。FTM(Female to male=自分の性を女→男に移行する人)

影法師

台風がもうそこまで来ているというのに、私たちは無謀にも太刀魚を釣りに夜の芦屋浜にでかけた。つい、三週間前のことだったわね。

魚がかかり、電気ウキの灯りが沈みながら、水面下ににじむように拡がっていく瞬間が見たかったのに、その日はあいにくただの一度のアタリもなく、夜の海に向かってため息をつきながら、私はいつもの博多弁で貴男《あなた》がポツリと漏らした言葉に奇妙な類感を覚えた。

「俺、自分が本当に性同一性障害かどうかわからなくなるときがあると……」「私だって、しょっちゅう自分が性同一性障害かどうか疑っていた時期があるわ」

病気の名前はいつだって影法師のように後からついてくる。そして、病気の概念は時として、その人の症状をコントロールし、治療法に見合った症状だけを記憶に留めていく。

ジェンダー・アイデンティティ

幼い頃から私は、自分の体が女のようになることばかり空想していたので、高校生くらいになると自分はゲイじゃないかと真剣に悩むようになった。クスリでラリッた勢いで男と寝てもみたけど、私はやっぱり男より女の方が好きだった。

ジェンダー・アイデンティティ(自分が認める性。自分は男か女か、どちらでもないか……)とセクシュアル・オリエンテーション(性の対象の好み。男が好きか、女が好きか、両方好きか）とは、別個のものであるのを知ったのは僅か数年前のことだ。

そのことを知らなかったばかりに、長い年月私は、自分を嘲り、パートナーができても心の奥深いところで自らを閉ざし、その抑圧感と緊張が薬物への依存を助長させてきたように思う。

そもそもＧＩＤとアディクションに因果関係などない。ただ、ＧＩＤである自分に直面できなかった息苦しさは、シンナーやクスリに耽溺していく恒常的な理由付けとなっていた。

トランス

クリーンになって十一年が過ぎたとき、自分は本当は女なのだと気づいた。でもどうしていいか、わからなかった。そのことについて、薬物依存の自助グループのミーティングに出て話をしても気分が重くなるだけだった。女装のマニア雑誌を買った。雑誌にのっていた女装クラブのドアを開け勇気を出して入った。年配の女装者が出てきて、「今日は閉店休業なの。昨夜パンスト強盗が入ったのよ。新聞にも載ってるわよ、ほら」フフッ、笑っちゃったわよ。

日を改めて再びその女装クラブを訪れた。受付で女性名を書くよう促され思いつきで「めば」と書いたの。女物の下着をつけ、黄色いＯＬ風スーツに着替える。レディースの服はなんであんなに肌触りが柔らかくて軽やかなのかしら。

メイクさんにお化粧をしてもらう。最後にウィッグを被り、一丁あがり。写真ルームに連れて行かれ、ポーズをとりポラロイド撮影。緊張したけど、うれしかった。

日常のさまざまな場面で女装をして過ごす機会が少しずつ増えていった。女物の洋服が私の気持ちに自然にフィットしだすにつれて、女装という言葉が私の肉体にそぐわなくなって行った。女が女装してどこが悪い？

おりしも一九九六年、埼玉医科大学倫理委員会が、性同一性障害（肉体の性と自己が認識する性の不一致が起こること）についての答申を発表し、それをうけて日本精神神経学会が性同一性障害の治療のガイドラインを作成した。

横目でこのニュースをにらみながら私はいたたまれない気持ちになった。医療機関から「性同一性障害」と診断をされた者は、医者のお墨つきで、ホルモン療法を受け、さらにＳＲＳ（性別再判定手術）まで受けられる。

なんてうらやましい話なのだろう、と心の中で思った。体を変えるなんて雲上の話だと当時は思っていた。

テレビで性同一性障害の特別番組をやっていても、見たいのに絶対見なかった。自分はひょっとしたら性同一性障害じゃないかと思っていることを人に知られるのが怖かったし、知られることは死ぬほど恥ずかしかった。

自分では、性同一性障害だと密かに思っていても、人に（まして専門家に）あなたは違うよと仮に言われたら自分の人格が崩壊してしまうんじゃないかと妄想を一人で膨らませて不安がっていた。この時期は、ほんとにつらかったわ。

男性モードと女性モードを行き来することに、疲れはじめていた。

男性モードでいるとひどく落ち込み、この世からもう消えてしまいたくなる。情緒不安定な日々が続いた。

かといって女性モードでいる時間の全てがバラ色というわけでもない。

いくら私が自分で自分のことを女性だと言っても、周りや社会が私のことを女性として見、受け入れてくれなければ、私の居場所は極めて狭められてしまう。それは、薬物依存の自助グループにおいても同様だった。女性の薬物依存者のための居場所が増えるに伴い、薬物依存回復者コミュニティの中での私の疎外感も膨らんでいった。

葛藤

だったら、「自分らしく」あれと人は言う。だけど……って思うの。一歩外に出ておトイレに行きたくなったとき、男子トイレと女子トイレはあるけど自分用トイレなんかどこにもないのよ。

かろうじて身障者用のトイレの多くが男女兼用なので使わせてもらってるけど、外で車椅子に乗った人が待ってたりしたら、消え入るような声で「ごめんなさい」とつぶやいて、おまけに怪我してるわけでもない片足を引きずるような芝居まで打ってしまう自分が時々情けなくなるわ。もっと正々堂々と女子トイレに入れるようになりたい。

男らしさも女らしさも自分らしさもGIDらしさも、「らしさ」である限り、自分に向かえば強迫観念にとらわれるだけ、他者に向かえば支配と権力の道具となるだけだろう。でも、世の中は男女二つの枠組みのどちらかに身を置かなければ生きにくい場やシステムに満ち満ちている。トイレ、プールの更衣室、公衆浴場、さまざまな文書の性別記載欄etc……

男と女の間に拡がるグラデーションとは、私にとっては、トランスしていくプロセスのすべての時間のことだ。しかし、プロセスのどの一瞬も、社会の男女二元論に合わせていくのは難しい。

「私はどうしたいのか？」

それが、問題解決の糸口の全てだった。私は膨らんだオッパイが欲しかった。丸みを帯びた女らしい体が欲しかった。去勢を望んでいた。

また、私はたとえ無人島で一人で暮らすようになっても自分が女である証しを自分に必要とするタイプであることにも気づいた。

私の望みをかなえてくれるのはとりあえず女性ホルモンしかないことを知っていた。カウンセリングが大して役にたたないことも……。

だけど、家族は、受け入れてくれるだろうか？　パートナーは？　両親は？　弟たちは？

話をして理解を得るのは難しいと思った。生きながらにして葬られているような悶々とした月日が流れた。そこに「V」、十九歳の貴男が登場した。

「性同一性障害」（GID）

私のパートナーがやっている女性の薬物依存者のための入所施設に入るために

両親に連れられてきた貴男を見たとき、なんとなく、ピンときた。

それからVがことあるごとに男である自分を表現し始めるたびに、私はどれだけ勇気づけられたことだろう。

貴男のことを理解しようと私のパートナーは、GIDやそのセクシュアリティについて私に質問をし、書物を読み漁るようになった。三人でトランスジェンダーの自助グループに顔を出したこともあったっけ。今では、貴男と私のパートナーは私のGIDについての最大の理解者であり、同志ね。

Vからのメール

「Vです……俺、この間めばさんと車の中で話していたこと、仕事につくための履歴書の写真と性があわなかったりして、バイトの面接に落ちるかもしれない不安……とか、パンツの中まで変えて性転換しないと、性同一性障害特例法の影響で世間ではみとめられないんじゃないかとか……考えてる。男性ホルモンを打ってすべてがいいとは言えないけど、それでも俺はやっぱり男でホルモンを打たずにはいられない」


クリーンタイムが十九年十一ヵ月になった時、私は大阪のある大学附属病院に開設されたばかりのGIDクリニック（性同一性障害専門外来）に通い始めた。ガイドラインに沿ったいくつかの検査と二人の精神科医の診察を経て、一年前に「性同一性障害」の診断が下り、それから程なくして産婦人科からプレマリン（＝卵胞ホルモン、女性ホルモンの一つ）の処方を受けるようになった。

副作用を起こしやすいので大好きだったタバコもやめた。医療の手助けなくして、楽になれないのだとしたら、私は医療の手に自らを委ねよう。「性同一性障害」の診断が下りたとき、私のパートナーは一言「おめでとう」と言ってくれた。

私の中の小さな男の子へ

胸にそっと手の平をかぶせると膨らみ始めた乳房が柔かく乳頭が少しヒリヒリする。夜、部屋の灯りを消して裸でベッドに横たわる。僅かな青い光の中に浮かぶ、脂肪のたっぷりとついてきた腰のラインを愛しむように撫でてみる。私は、やっと地上に降りたのだ。

ホルモン治療によってほんの少しだけ女っぽい肉体を手に入れはじめた私は、かっては男だった自分の肉体の記憶にも生まれてはじめて目をそらさずにいることができるようになってきた。男性として生きざるを得なかった長い年月をやっと受け入れ、優しい気持ちで振り返ることさえできる。（男の趣味だわ）と大好きなくせにあえて敬遠してきた釣りも十年ぶりに楽しめるようになった。

そして、逆光線の中を後ずさりしながらゆっくりと遠ざかっていく小さな男の子のシルエットに向かって、「ありがとう」と毎日手を振り続けている。

本号は、『Be！』［季刊ビィ］の増刊号です。年間購読をお申し込みになると、３・６・９月に本誌を、12月に本誌＋増刊号をお届けします。『Be！』は、アルコール・薬物依存症や摂食障害、共依存からの回復、アダルト・チャイルド（ＡＣ）の課題、人間関係などをテーマにした雑誌です。

本誌の購読方法

●年間購読●

郵便振替でお申し込みください。
口座番号【00120-6-573894
アスク・ヒューマン・ケア】
年間購読料4,778円
（本誌４冊＋増刊号１冊／税・割引送料込）
振替用紙に「○○号より年間購読」とご記入ください。
入金確認と同時に郵送します。

●書店からの定期購読●

書店に購読をお申し込みください。
取次は「地方小出版流通センター」と必ず言い添えて。
本誌　定価（800円＋税）
増刊号　定価（1,000円＋税）
地域によってはお手元に届くまでに日数がかかる場合があります。
送料はかかりません。

●10冊以上の大量購入●

同じ号をまとめて10冊以上なら１割引・送料無料。

20冊以上は２割引・送料無料。

割引分は購入窓口になってくださる方への手数料ですので、１冊ごとの販売は定価どおりでお願いします。

※バックナンバーのお申し込みも受け付けています。売り切れの号もありますので、直接お問い合わせください。２冊以上の場合もお問い合わせを。　☎03-3249-2551

『Be！』増刊号No.14
「公開」ミーティング・シリーズ

オトコの気持ち　オンナの事情

「らしさ」の向こうに見えるもの

2005年12月5日発行　定価1,050円（本体1,000円）

編集・発行　アルコール薬物問題全国市民協会（ASK）
発売　㈱アスク・ヒューマン・ケア
〒103-0007　東京都中央区日本橋浜町3-16-7-7Ｆ　☎03-3249-2551

ＡＳＫホームページ　http://www.ask.or.jp　電子メール　ask@t3.rim.or.jp
アスク・ヒューマン・ケア　ホームページ　http://www.a-h-c.jp
印刷　明和印刷株式会社

ISBN4−901030−48−5 C0011 ¥1000E

Be! 読者通信

増刊号 No.14

あてさき　〒103－0007　東京都中央区日本橋浜町3-16-7-7Ｆ
ＡＳＫ（編集部）

●今号のご感想・ご意見・分かちあいたい体験、増刊号で取り上げてほしいテーマなど、何でもお寄せください。
採用分については、掲載誌贈呈に加えて、クオ・カードをさしあげます。

（裏へ）

お名前

（ふりがな）

掲載の場合は——□実名でよい　□ペンネーム（　　　　　）　□イニシャル
□都道府県名は入れたくない

お立場

（なるべく具体的に）

ご住所

□職場　□自宅

（〒　　　　　　）

電話連絡先

□職場　□自宅　（連絡可能な時間帯）